闘 う 経 済 学

读懂改革逻辑

竹中平藏的实践经济学

〔日〕竹中平藏 著　范薇 钟志之 林卓颖 王宝宁 译

ZHEJIANG UNIVERSITY PRESS
浙江大学出版社

目 录

读懂改革逻辑：
竹中平藏的实践经济学

　　自2001年开始，我大约有六年时间在政府中从事与经济政策相关的工作。2006年末，我回到了曾经工作过的庆应义塾大学。2007年春学期，我在时隔7年后再次登上讲坛，教授公共政策学。借此机会，我有一个非常想去实现的愿望——利用我对实际政策立案、决定的经验，讲授"真正能发挥作用的、现实主义的公共政策学"。

　　很多人都抱有这样的愿望——更多地了解经济，系统地理解经济学，让政策和政治趋向于越来越好。但是，这件事看起来简单做起来难。经济学艰涩难懂，而且就算读了经济学的书，掌握了理论知识，很多人仍然不知道这些知识要怎样为实际的政策问题发挥作用。由于我是在经历过大学研究生活后进入政府成为经济政策负责人的，所以在此期间，我的头脑里始终盘桓着两件事。

　　第一，经济学的基础知识极为重要，而且毫无疑问是有用的。在实际工作中，由于相关人员不理解经济学的基本概念而导致政策讨论发生混乱的情况时有发生。但是另一方面，经济学与实际政策之间毫无疑问有着必须填平的"间隙"。对于这一点，我们必须有着清楚的认识。

实际中的经济比教科书中描述的世界要复杂得多，而且无论是什么政策，都必须经历一个符合民主主义的政策决策过程，才能被最终确定。也就是说，经济和政治是不可分割的。遗憾的是，在日本，学者不离开大学，政治家和官僚也不放手政治，如此一来，我们填埋这一间隙的努力就显然不够充分。

本书的目的在于，让读者在理解经济学基础知识的同时，填平经济学与政策之间的间隙。因此，它和一般的经济学教科书不同，更注重从现实的经济问题和政策问题中挖掘经济学的思考方式。通过本书，读者可以充分理解经济学的基本概念，而且可以了解到，这些知识与实际的经济现象和经济政策有怎样的关系，以及经济学以外的哪些知识或思维方式会对实际政策问题产生影响。

希望有更多的人能通过本书，对实际政策问题抱以更多的关注，从而基于更高的认识水平来进行积极有益的公共政策讨论。

最后，谨对和我一起共同负责教授公共政策学的庆应义塾大学经济学部土居丈朗副教授、负责本书策划编辑的堀冈治男及集英社国际株式会社的田村浩倖等众多相关人士表示衷心的感谢！

竹中平藏

2008年4月

经济学与现实政治的间隙

——经济学之力

闘う経済学
未来をつくる「公共政策論」入門

本章关键词

政策问题；经济战略会议；园艺师与植物学家

日本面临着堆积如山的难题

我们的社会有许多亟待解决的问题。从宏观角度来看，有伴随着少子高龄化社会产生的养老、福利、医疗等问题，还有关乎国家生存发展的教育问题；全球化进程的加深有利也有弊；贫富差距加剧以及收入分配方针政策等，也是无法搁置不理的棘手问题。在更深层次上，国家最基本的方针政策方面也有很多问题摆在我们眼前，如政府的职能以及政府与民众打交道的方式，正是当务之急的课题之一，此外还有安保问题等。

其中，我们将只有政府才能解决的问题称为政府的"政策问题"，并针对如何应对这些问题，进行了各种各样的讨论。这些全都可以称为广义上的"公共政策"。

在讨论这些政策问题时，经济学的思维方式会起到很大的帮助作用。甚至可以说，如果缺乏经济学知识，就无法讨论与经济相关的政策问题。事实上，我们可以看到很多政策方针无视经济学角度的看法就起草出台，最终导致失败的例子。但另一方面，如果认为只要懂经济学就能解决一切与经济相关的政策，也是不现实的。现实世界更加复杂，而且在一个民主社会中，任何政策的制定都要经历一个民主的、复杂的政策决策过程。

我曾在大学里从事过经济学研究，后来又亲自参与过政策制定，本书的这种问题意识，正是产生于我自身的这些经验。

因此，在序章中，我想简单谈一下我与经济学和政策制定之间的关系，这也是对第一章后面的具体政策讨论的一个导引。此外，希望这一部分能帮助大家先对政府和内阁，以及政策制定到底是怎么一回事等，勾勒出一个具体的形象。

对下村博士的崇敬

1973年，也就是第一次石油危机①爆发的那年，我从一桥大学毕业，加入了政府主管的金融机构——日本开发银行（现日本政策投资银行）。

我之所以选择这个被称为"开银"的机构，最主要的原因是当时该行的附属机构"设备投资研究所"里有一位经济学家——下村治。作为时任首相池田勇人的智囊，下村博士提出了"国民收入倍增计划"，因此被公认为是日本20世纪60年代经济高速增长奇迹的缔造者。

昭和30年代后期（约1960—1965年），日本实现了年均两位数增长率的经济增长，只用了七年时间就实现了国民收入翻番。我在学生时代读下村

---

① 第一次石油危机：1973年10月第四次中东战争爆发，为打击以色列及其支持者，石油输出国组织的阿拉伯成员国于当年12月宣布收回石油标价权，并将其原油价格从每桶3.011美元提高到10.651美元，使油价猛然上涨了两倍多，从而触发了第二次世界大战之后最严重的全球经济危机。——译者注

博士写的书时，知道运用经济学能够造福社会时那种感慨的心情，现在还记忆犹新。因此，我希望能和下村博士共事，从我敬仰的这位经济学家身上学习许多东西，这种想法日益迫切。

现在回想起来，这种想法或许带有年轻人特有的莽撞，但我居然真的实现了这个愿望。顺利进入"开银"后，虽然只是很短的时间，但我有幸与这位顶级经济学家进行了各种交流，获得了很多启发，这让我欣喜若狂。

就像泽木耕太郎[①]在他的著作《危机中的宰相》一书中写的那样，在1960年，人们都认为日本经济的高速增长奇迹是不可能实现的，无论是政客还是经济学家，都把"高速增长"当成痴人说梦。在这样的环境里，下村博士却以自己的经济学理论为依据，提出了高速增长论，并向池田首相建议把相应的政策付诸实行。事实证明，日本经济实现了下村博士所预见的绚丽的高速增长。

作为一名经济学家

在加入日本开发银行10年之后，我获得了去美国哈佛大学留学的机会。

20世纪80年代初期的哈佛大学，云集了戴尔·乔根森[②]、马丁·费尔德

---

① 泽木耕太郎（1947—）：日本记者、作家。作品类型涵括了小说、散文，以报道式的文字见长。2003年获得第51届菊池宽奖。——译者注
② 戴尔·乔根森（1933—）：美国著名经济学家，哈佛大学教授，1971年获克拉克经济学奖。——译者注

斯坦①、安德鲁·亚伯②、米尔顿·弗里德曼③等大师级的经济学家。聆听他们的课程，让我切实感受到了经济学造福社会的有趣之处。

1982年回国之后，我被分派到大藏省（现财务省）初次设立的研究所——财政金融研究所工作。在这里工作的五年期间，我曾和许许多多的人共事过，包括本间正明先生（前政府税制调查会会长，现任近畿大学教授）、吉田和男先生（京都大学教授）和高桥洋一先生（东洋大学教授）等，他们也成了之后我有幸在各种场合经常碰面的人。

1987年起的两年间，我在大阪大学以副教授的身份执教，并在那个时候再度收到来自哈佛大学的邀请。当时已是国际经济学青年学者领军人物的杰弗里·萨克斯④亲自打电话给我，希望我能为该校讲授"日本经济论"这门课。当时的日本正处于泡沫经济的鼎盛时期，受到全世界的瞩目，而大洋彼岸的美国正面临经济不景气，充斥着一股浓厚的"向日本经济学习"的氛围。于是我立刻接受了邀请，离开大阪大学，前往哈佛赴任。

到美国后，我又辗转来到华盛顿，作为"牛场纪念奖学金"（牛场記念フェローシップ）的一环，得到了在国际经济研究所（IIE）从事研究的机会。IIE所长弗雷德·伯格斯坦虽然异常繁忙，可每周四都会拒绝一切事务安排，埋头于自己的学术研究，这给我留下了极其深刻的印象。

① 马丁·费尔德斯坦（1939—）：美国经济学家，1967年起任哈佛大学教授，被称为供应学派经济学之父。1977年获克拉克经济学奖。——译者注
② 安德鲁·亚伯：现任宾夕法尼亚大学沃顿商学院经济学教授。——译者注
③ 米尔顿·弗里德曼（1912—2006）：美国经济学家，1976年获诺贝尔经济学奖。他被誉为20世纪最重要的经济学家之一。——译者注
④ 杰弗里·萨克斯（1954—）：哥伦比亚大学经济学教授，哈佛大学国际研究中心主任。连续两年被《时代》杂志评为"世界百名最有影响的人物"之一，并被《纽约时报》称为"世界上最重要的经济学家"。——译者注

1990年4月，我获得了在庆应义塾大学新设立的湘南藤泽校区（SFC）综合政策学部任教的机会，时隔两年后再度回到了日本。此时的日本，已经转而走上了泡沫崩溃的道路。

成为经济战略会议委员

此后，在我执教庆应义塾大学的十年时间里，日本经济经历了所谓的"失去的十年"。海部俊树、宫泽喜一、细川护熙、羽田孜、村山富市、桥本龙太郎、小渊惠三、森喜朗等历届首相带领内阁尝试了各种各样大手笔的财政政策，但泡沫破裂的后遗症却仍不能简单地被消除。而那时的扩张性财政政策，导致了遗留至今的巨额财政赤字问题。

1998年8月24日，在小渊首相任内，日本设立了经济战略会议（The Economic Strategy Council）。该会议以樋口广太郎（时任朝日啤酒名誉会长）为议长，由9名委员组成。其职能是作为内阁总理大臣的咨询机构，为日本经济再生和构建21世纪富裕经济社会，调查审议方针政策并陈述意见。我与一桥大学的中谷岩教授（现多摩大学教授）和东京大学的伊藤元重教授一起，受邀作为经济学家加入会议。

继1998年10月14日发表《对短期经济政策的紧急提议》以及同年11月6日发表《对紧急经济对策的展望》之后，经济战略会议又于1999年2月26日总结并公开发布了《日本经济再生战略报告》。

此报告被全文刊登在日本内阁的官方网站上，要点如下：

由于泡沫经济崩溃后的全面调整还未到位即戛然而止，以及少子老龄化社会的快速到来，日本国家体系各方面的问题层出不穷。这将成为一直制约日本经济发展的重要障碍。

因此，重振日本经济需要贯彻以下五个基本战略：（1）确立经济复苏与财政体制可持续发展的道路；（2）构建"健全的、有创造力的竞争社会"，并完善安全网（SafetyNet）①；（3）对泡沫经济进行彻底清算，并构建面向21世纪的金融系统；（4）重振具有活力和国际竞争力的产业；（5）进行面向21世纪的战略性基础设施建设投资，并振兴地区经济。

而这一切只有依靠政府和民间的结构改革才能实现。要构建一个全体国民都能享受到真正富裕的经济社会，离不开民营经济主体自主创新的经济活动，更离不开每一个国民不畏改革之痛、积极挑战未知领域的姿态。

报告的结尾这样写道："特别是，如果在政府的有力领导下……本报告提出的建议能够迅速获得实行，那么我们坚信，日本经济重新回到稳定增长轨道、重获新生的那一天，将指日可待。"

这一段主张为之后各种各样的政策讨论提供了重要的基础。

获得小泉首相的垂青

2001年（平成13年）4月26日，小泉纯一郎首相上任。

在此之前，我与小泉有过多次接触。在一次学习研讨会上，我针对日本经济的现状做了一番发言，时任众议院议员的他只是抱着胳膊、闭着眼睛听完了我的发言，连笔记都没有做。

---

① 一种社会保障体制，指像张开网一样实行救济政策，为全体国民提供安全和放心的保障。在日本，往往特指生活保障和劳动保障。——译者注

当上首相之后，小泉的这种风格也没有改变。后来我才得知，他在听别人讲话时，总是试图砍去话语中的细枝末节，只去理解主干。我不由得感慨，像小泉纯一郎这样政治家，无疑是为担任首相而生的。

正如人们常说的那样，人生永远充满未知。同年4月，小泉在自民党总裁选举中获胜。他给我打来电话说："竹中先生，今后我们必须动真格地改变日本才行。这恐怕将是一场艰苦卓绝的战斗，你愿与我并肩作战吗？"听到他这么说，我感到相当惊讶。

我非常喜欢学者这份职业，对在庆应义塾大学的教职也十分知足，从未有过主动踏入政界的冲动，但是小泉首相却有可能使日本发生真正的改变。如果真是如此，我还是愿意尽自己的一份绵薄之力的。所以我下定决心，接受了来自小泉的邀请。

伴随着小泉内阁的成立，我离开了庆应义塾大学，出任经济财政政策担当大臣一职。

内阁启动之初

让我们稍稍偏移一下话题，谈谈内阁启动之初到底要做哪些事情。在此，我将回忆自己在2001年4月26日那天所经历的事情，并按顺序一一道来。

在国会上接受了首相提名的内阁总理大臣，首先要进行组阁，即指定组成内阁的大臣们。电视新闻报道中拍摄的场景往往是：被任命的大臣从汽车中走出，一边"沐浴着"大量相机闪光灯的闪烁，一边步入首相官邸，这就是俗称的"召见"。

在多数情况下，这些人前一天会接到来自首相或者首相秘书官的通知："明天某时，请你待在自己的办公室里。"当然，也不排除这样的提前告知："明日组阁时，我想委派你担任某某大臣。"无论是哪种说法，都是暗示对方准备明天参加"召见"。

"召见"的电话一般是由首相秘书打来的，通常会说："请即刻到首相官邸来。"被指名的人便乘车至首相官邸。首相官邸的正门平时都是关着的，访客多由侧门进入。但是"召见"时，正面的大门会全部打开，过道两侧是早已携相机和麦克风等候在此的媒体人士。被"召见"的人就在这样的瞩目中快步迈进大门。

首相官邸的入口在三楼。我们往往会被引至位于四楼的阁僚接待室或五楼的首相接待室。被"召见"的人聚集在此，一边等待首相的提名，一边相互勉励，说些"你这次也要入阁啊，一起加油吧！"之类的话。

在接受首相提名的时候，内阁官房长官和民主党政务三役（干事长、政调会长、总务会长）也会一同出席。由于在议院内阁制的体制下，政府和执政党共同制定一切政策，所以首相会在执政党（自民党、公明党）的政务三役面前宣布对大臣的任命。

这就是新内阁启动的第一步。

从记者招待会到初次上任

之后，新任命的大臣们立刻下楼来到首相官邸中最大的房间。在那里，各省厅部门人员已经摆好了桌子等候多时。新任大臣们坐下后，便将开始各部门的政策概要演说，时间短则15～20分钟，长则1小时以上。

演说的目的是为了应对接下来在首相官邸会见室召开的大臣上任记者招待会。在记者招待会上，昨天还在没有任何直接关联的各个机构任职的政治家们，要接受来自记者们对政策五花八门的提问，而且必须当场回答。这时，有人会坚定地表明方针，借此展现自身的政治领导力；也有人以谨慎开场，回答"对此我不太清楚"。

这场风险巨大的首场记者招待会结束后，大臣们需要立刻换上正式礼服，前往皇居①接受天皇的认证。

在皇居，拿到认证还需要两个小时左右。我从某大臣那里听说，两个小时是大臣们到达后，从天皇署名到墨迹干透所需要的时间，不过不知道此言是真是假。

回到首相官邸后，将召开首次阁僚会议（阁议）。首相宣布："从现在起，新任内阁正式启动。"大家在阁僚接待室里举杯庆贺。之后，大臣们在铺着红地毯的阶梯上合影留念。

合影时，除了首相必须站在第一排的正中央，其他人的位置并没有事先规定，没有规矩说首相旁边一定要站谁，所以往往是想引人注目的人主动往前面站。从大家让资历高的人往前站来看，也许在列队时有一个不成文的顺序。对照历代的内阁成员纪念合影，可以发现相对年轻的人会比较客气地站在后排。

之后就是"初登厅"——也就是大臣们首次前往各自所在的部门赴任。

我就任经济财政政策担当大臣时先去了内阁府，而在就任总务大臣时先

① 即天皇平时居住的场所，由御所、宫殿和宫内厅等组成。——译者注

去了总务省。到达所在部门后，我们向等候在那里的各部门干部致辞，接着从礼服换回普通服装，并再次召开各部门的记者招待会。在记者招待会上，记者们会提出各种各样的问题，有自己不清楚的也在所难免。这时，如何机智地应对，巧妙地回答，也是作为大臣必须具备的素质之一。

记者招待会结束后，大臣们还要办理各种手续，一系列的组阁流程从下午3点开始，往往要过了午夜才告结束。

园艺师和植物学家

小泉内阁启动之时，日本的经济正处于十分悲惨的状况。

2001年，英国经济周刊杂志《经济学人》做了一期针对日本经济的特辑，题为《日本的悲哀》（*Sadness of Japan*）。该特辑讲述了距离日本的泡沫崩溃已经过去十年，日本却无法实现经济复苏的悲哀，整期特辑弥漫着一种对无法摆脱低迷的日本经济严厉批评的论调。其中有篇文章提到了压在日本经济上的沉重的不良债权问题，断言："如果日本不能偿还不良债权，全世界就要为日本经济埋单。"这可以说是对日本经济发出了"最后通牒"。

日本拥有先进的技术和优秀的人才，拥有众多的经营资源，本应取得更高速的增长。但是自20世纪90年代以来，日本经济却满足于平均1%的超低增长率，这对世界经济也产生了负面影响。因此在该特辑中，充斥着对日本政策制定者的质疑和不安。正是在这样一片对日本经济的担忧和忐忑之中，我出任了经济财政政策担当大臣。从就任那一天起，我一直在思考一个问题：经济学对政策究竟能起到多大的作用？

在大臣们的上任记者招待会上，我说了下面的一番话，至今仍记忆犹新："我以这种形式接受大臣一职，正是为了验证日本知识分子的价值。"

回首在小泉内阁的五年时间，我得出的结论是：经济学是有用的。

但是，仅仅依靠经济学是不够的，这也是事实。我们必须以经济学为基础，深入到政策的实际情况中去。换一个说法就是，经济学是有用的，但是要让经济学发挥作用，还需要同时具备和政策制定相关的政治、行政、法律等多种知识。

美国经济学家保罗·克鲁格曼[①]经常引用"园艺师和植物学家"的例子——如果要建造一个美丽的庭院，植物学的知识毫无疑问会派上用场。例如，什么样的植物适合这里的气候和土壤，什么花会在什么时期开放，怎样做可以让植物开出美丽的花等。这些植物学知识对于打造一个美丽的庭院是必不可少的。但是，仅靠植物学知识是造不出漂亮的庭院的，优秀的植物学家并不一定就是优秀的园艺师。也就是说，要建造一个美丽的庭院，不仅需要植物学知识，还需要园林学、美学等各种知识和相关经验。

政策制定和经济学的关系亦是如此。仅仅有经济学的知识，无法对政策起到帮助。政策制定就如同园艺师的工作，需要以经济学为基础，活用政治学、法律等各种知识。要建造一个美丽的庭院，需要花费大量工夫。

---

① 　保罗·克鲁格曼（1953—）：美国经济学家，2008年获诺贝尔经济学奖，新经济地理学代表人物之一。——译者注

经济学对实际政治决策有帮助吗

今后，我们也必须一边充分发挥经济学的作用，一边为社会问题找到解决之道。但是就像我前面说的那样，经济学和实际政治之间是有"间隙"的。如果没有认识到这一点，我们就无法有建设性地讨论和制定出能发挥真正作用的公共政策。

所谓的"间隙"包含两层含义。第一层含义是，与经济学教科书记载的内容相比，现实中的经济要复杂得多，如果不能立足于经济学基础，进行更加详细和现实的讨论，就无法制定出能真正发挥作用的公共政策。

第二层含义是，包含经济政策在内的所有政策都必须经历一个民主的政策决策过程才能被采纳。也就是说，我们在进行政策讨论的时候，还要把政治上的可实现性这一因素考虑在内。

第一层含义的具体例子是2002年秋开始的对不良债权处置的具体方案的探讨。2002年9月，我兼任金融担当大臣[①]后，即刻制定了不良债权处置的具体方案。为此，我成立了一个专为大臣提供个人建议的小组，召集了一批出谋划策、能拿出具体方案的专家。

但是经一番观察后就会发现，这些人中几乎没有所谓的金融专家，而是具备了宏观经济知识的专家和拥有其他专业知识的实务家，这也正象征着作为一门学科的经济学与政策之间的间隙。

---

① 2002年9月，小泉罢免了金融大臣柳泽伯夫，改用竹中平藏接替，他同时继续留任经济财政担当大臣一职。竹中成为小泉内阁名副其实的"财经金融总管"。——译者注

其实，回顾当年探讨国有铁道民营化①的时候，经济学界中积极参与到政策讨论中的专家也不是交通经济论方面的专家。当时，加藤宽先生（时任庆应义塾大学教授）作为国铁再建监理委员会的成员活跃在一线，可加藤宽教授的研究领域并非交通论，而是公共选择理论。

2005年邮政民营化的时候亦是如此。经济学的知识告诉我们邮政民营化的重要性，但是对担任邮政民营化担当大臣的我来说，最重要的是弄清实现民营化有多少种途径，并确定哪一种途径才是众望所归。在这方面，具有行政学知识的实务家们给我的帮助更多。

第二层含义的典型例子则来自处理银行不良债权问题时的经验。为了配合处理银行的不良债权，同时对债务人的资产价值进行重估，我们提议设立一个叫作"产业再生机构"的政府组织。这一提议最终得到实现，在我们发布不良债权处置方案大约半年后，国会通过了这一提案。

但是，一些经济学家对这一机构的设置比方案发表晚了半年的情况提出了批评。我想，这些经济学家大概并没有理解，设立再生机构需要制定新的法律（而发布不良债权处理的方案并非一种法律行为）。另外，他们大概也不知道一项法律在国会获得批准要经过哪些程序。虽然他们的批评可能是出于善意，但这正象征着经济学与政策间的隔阂。制定新的政策必须经过政治程序，正因为如此，我们必须事先了解这些程序。

在经济学之外还需具备行政学和政治学的知识是毋庸置疑的，但这并非否定经济学的重要性。相反，为了让经济学在实际的公共政策中发挥更大的

---

① 日本国有铁道由政府100%出资，并由政府经营。1987年开始分割民营化，此时它留下的债务和善后费用总计高达37兆日元。——译者注

作用，我们才有必要尽最大努力，去填补经济学与政策之间的"间隙"。

我希望读者能带着这种问题意识，阅读本书接下来的章节。

顺便说明一下，为了简要介绍公共政策论，我不得不用了一些数学公式。对经济学教科书不熟悉的普通读者可以不完全按照顺序，只挑自己感兴趣的章节阅读；而对于经济学专业的学生和对公共政策感兴趣的读者，最好依照章节按顺序阅读。

第一章

与凯恩斯主义常识战斗
——宏观经济政策的基础

闘う経済学
未来をつくる「公共政策論」入門

本章关键词

失业问题；乘数；总需求管理政策；

中立命题；"哈维路的文化前提"

为什么政府必须促进经济增长

我们对政府的经济政策究竟抱有怎样的期待呢？

根据问卷调查的结果，回答"希望促进经济增长"的人占绝大多数，仿佛大多数人最常感受到的都是经济不景气的状况，即使他们处于经济周期的"扩张期"。

另一方面，我们也常常听到这样的意见："对人类而言，最重要的并非都是经济或金钱。"的确如此，并非经济增长就能解决一切问题，不管我们变得多么富裕，社会还是会存在许多无法解决的问题，比如心灵上的问题、爱情和艺术方面的问题等，人类需要深入探索的问题实在太多太多。

可是即便在物质生活如此丰富的社会里，人们仍然希望政府把经济搞得更好。为什么政府必须施行促进经济增长的政策呢？

理由有许多。比如，虽然日本国内生产总值（GDP）长期排名世界第二[①]，但人均GDP还没有进入世界前十。以中国、印度等为代表的国家都在

① 2010年，中国GDP总量已正式超出日本，位居美国之后，日本退居世界第三。——译者注

以迅猛的势头发展，如果安于现状，日本的地位将进一步跌落。

但最重要的原因在于，社会上还存在着"失业"问题。

"失业"对社会而言是一个非常重要的课题，这体现在两点。其一，"失业"意味着没有工作，对个体来说则意味着没有收入，生活不安定。很显然，这是应当从社会整体角度解决的问题。解决失业问题正是政府"宏观经济政策"的基本主题之一。

其二，一国经济必须最大限度地利用社会资源，使人们的生活变得更好。土地、自然资源、机械设备、资金等都是重要的资源，但最重要的资源还是"人力"。而"失业"则意味着没能充分利用"人力"这个最重要的资源。因此"失业"既是个体的问题，同时也是社会的问题。国家必须担负起解决失业问题的责任。

失业问题的解决和经济增长政策

那么，经济增长了，失业问题就能够得到解决么？果真如此的话，在解决失业问题与制定经济增长政策之间存在着怎样一种关系呢？

简单来讲，对劳动力的需求是GDP的重要关联函数。一般而言，GDP增长（即经济增长）可以带来劳动力需求的增加。也就是说，政府如果实施能够扩大有效需求的政策，社会对劳动力的需求就会扩大，进而减少失业人数。这是在迄今为止的经济学讨论中最被广泛认可的理论之一，只是认可的程度有所差别而已。

当然，决定劳动力需求的不仅仅是GDP的规模。无论有多少工作岗位空缺，也有不愿为微薄薪水而工作的人。另外，从雇佣者的角度来看，一个岗位并非任何人都可以胜任。也就是说，劳动力的价格（薪水问题）、劳动者素质等供给方的因素也会起到一定的作用。

但总体而言，为消灭失业而促进经济增长、扩大GDP规模，从而扩大对劳动力的需求，是一项重要的政策。

如果失业问题的产生是因为GDP水平低，政府就有必要实施拉动GDP的政策，以解决失业问题。我们把为拉动GDP而实施的政策称作"总需求管理政策"。那么，具体应该实施哪些措施呢？

宏观经济学的基本思想能够为我们提供有效的信息。

宏观经济学的基础

就像宏观经济学的教科书上写的那样，GDP是在一定时期内一个国家或地区的经济中所生产出的全部最终成果（产品和劳务）的市场价值。GDP（Y）由消费（C）、投资（I）和政府支出（G）组成（暂不计贸易收支）。用公式表示就是：

$$Y=C+I+G \qquad\qquad ①$$

首先来看一下消费。人们会从收入中拿出一定比例用来消费，我们用 c 来表示这个比例数值（称作消费倾向），于是有：

$$C=cY \qquad\qquad ②$$

严格来讲，我们还需要考虑每增加一个单位收入时增加的消费比例（称作边际消费倾向），但在这里为了便于讨论，我们把概念简化，设"边际消费倾向"和"平均消费倾向"相等，即等同于"消费倾向"。

将公式②代入公式①，得到：

$$Y=cY+I+G$$

变形后得到公式③：

$$Y=\frac{1+G}{1-c} \qquad\qquad ③$$

公式③可用文字表示为：GDP是"投资与政府支出的总和"除以"1
减去消费倾向"所得到的值。其中，我们把"1减去消费倾向"称作"储蓄
倾向"。

假设为了增加GDP，政府增加了支出（G）。为简便见，假设民间投
资不变，于是公式③变为：

$$\Delta Y=\frac{\Delta G}{1-c} \qquad\qquad ④$$

也就是说，政府支出的增量（ΔG）乘以储蓄倾向的倒数（$\frac{1}{1-c}$），即
可得到GDP的增量。我们把$\frac{1}{1-c}$叫作乘数。

理论导出的"乘数"和实际"乘数"

在此，我们来做一些简单的计算，得出乘数。

现在（2008年）日本的消费倾向约为70%，所以此时乘数为3.3，即
1/（1-0.7）=1/0.3=3.3。也就是说，政府公共投资（政府支出）每支出1兆
日元，会拉动GDP增加3.3兆日元。倘若实际中果真如此，政府支出的增加
就会是一件很划算的事。

可实际"乘数"又是怎样一个情况呢？

在此前经济企划厅[1]和内阁府的经济模型分析中，"乘数"的计算一直被列为重要的实证研究对象。20世纪70年代初期，日本的乘数曾达到过3以上，但之后逐渐走低，到了1998年公布内阁府宏观模型（《短期日本经济宏观计量模型》）时，乘数仅为1.2。

目前，除了日本之外，大多数国家的乘数都稍高出1，几乎没有超过3的。这样看来，从经济学理论中推导出的乘数大小和实际乘数大小相比，几乎有3倍的差距。差别如此之大，原因何在呢？

政府财政支出增加，则利率水平上升

我们首先可以想到的原因是，上述经济学的简单模型并未将"贸易收支"考虑在内。

现实中的日本是与世界各国有着贸易往来的，既有对外出口（*EX*），又有对内进口（*IM*）。因此，公式①后面还需要加上（*EX–IM*）一项，公式②以及之后各个公式也必须相应作出变化。

这其中究竟发生了什么情况呢？假设政府支出1兆日元，但这些钱并没有全部用在国内，其中一部分被用于购买海外进口，因而转移（泄漏）到外国去了。这一转移的比例被称作"输入倾向"。哪怕"输入倾向"只有0.1，乘数也会减少为2.5。

这样一来，乘数就有点接近现实中的数值了，可这还不够。这说明在

---

[1]　经济企划厅已于2001年并入内阁府。——译者注

"贸易收支"之外，我们还有其他需要考虑的因素。再加入什么因素，才会让乘数更接近实际值呢？

其中最重要的一个因素是金融因素，我们谈论现实经济时，是不可能把金融因素排除在外的。因此接下来，我们就要把货币的需求和供给这些金融要素考虑在内，重新计算乘数的数值。

在考虑金融要素时有一些前提条件。首先，如同经济学的入门书中所写的那样，我们要考虑货币的需求。

经济学一般认为，货币需求由经济体总量和利率水平共同决定。我们可以直观地知道，如果经济体的总交易量增加，GDP扩大，则货币的需求也会相应增大。也就是说，货币需求是GDP的正相关函数，而货币需求是利率的负相关函数。利率水平上升，对货币的需求减少；利率水平下降，对货币的需求增加。

与此相对应，货币供给被称作"Money Supply"，由日本银行（日本的中央银行）的金融政策和民间金融机构的贷款总额的增减共同决定。

如此一来，我们讨论实际乘数所需要的要素就全都具备了。金融因素对乘数的值究竟有怎样的影响呢？直截了当地说，如果货币供应量（Ms）总量不变，则伴随着政府财政支出的增加，利率会上升，乘数会变小。

为什么呢？

这是因为，市场上的货币需求和供给必须永远保持平衡。

如果我们用Ms表示货币供应量，用P表示物价水平，那么实际货币供给①就可以写作Ms/P。其次，将GDP设为Y，利率为i，货币需求的收入

---

① 剔除了物价影响后的一定时点上的货币存量。——译者注

弹性为α，货币需求的利率弹性为β，则货币的供需就可以用以下公式来表示：

$$\frac{Ms}{P} = aY^{\alpha} \cdot i^{-\beta} \qquad\qquad ⑤$$

此处的货币需求是GDP的正相关函数，所以政府财政支出造成GDP增长后，对货币的需求也会相应增大。但是，在货币供应量保持不变的情况下，为了使货币需求和货币供给保持一致，利率就会提升，使得对货币需求的减少。也就是说，在货币供给总量一定的条件下，"增加政府支出，会引起利率水平上升"。

利率上升造成乘数下降

那么，利率水平上升会引起什么样的变化呢？

企业投资行为会率先发生变化。

一旦利率上升，企业便会减少设备投资，这是很直观、很容易理解的现象。也就是说，政府增加财政支出会通过利率上升这个通道，使企业减少设备投资。这会给GDP增加带来负面影响，所以GDP的增量会相应减少。也就是说，乘数会相应变小。

利率水平上升还会带来另一个重要的变化——日元升值。一旦利率水平上升，以日元结算的资产价值就会上升。如此一来，很多人便会想持有以日元结算的资产，对日元的需求就会增加，最后造成日元升值。而由于日元升值，贸易收支就会产生变化，进口增加，出口减少。这样一来，GDP增加的部分就被削弱了，最后使得乘数的值变得更小。

不过，也有一些金融因素能提高乘数值，其中之一就是"资产效应"[①]。

例如，如果政府发行国债，支出增加，国民所持有的资产（国债）也会增加。国民持有的资产增加后，消费力也会增强，产生更多以资产作担保借钱消费的现象。也就是说，发行国债意味着资产增加，会产生促进消费的效应。

但是人们一般认为，日本的资产效应不及美国明显。自2007年夏以来，始于美国房价下跌的次贷危机成了人们普遍关注的话题，而爆发这一危机的背景就在于房价下跌引起人们对"逆资产效应"的担心。也就是说，资产效应起到了负面作用，抑制了美国的消费，人们担心这会对美国甚至世界经济产生负面影响。

总之，我们姑且可以认为，资产效应会对乘数起到放大效应。

总需求管理政策和"失去的十年"

通过政府财政支出对总需求进行管理，在一定程度上（至少在短期内）可以调控经济，经济学界对此已达成一定共识。这种总需求管理政策也叫作"凯恩斯政策"。

事实上，一直以来，日本经济运行正是遵循了总需求管理政策。即使在今天，每当经济状况恶化的时候，总会有人出来呼吁应该扩大财政支出以

[①] 也称为公债的资产效应，指公债发行所产生的稳定经济的作用。由著名经济学家阿巴·勒纳（1903—1982）提出。——译者注

刺激经济增长。但需要注意的是，总需求管理政策并不是万能的，它发挥作用需要一定的前提条件——一般只在需求因暂时性因素而低迷的情况下实施才有效。此时，政府动用财政力量，实施增加总需求、刺激经济的政策是有效的。

20世纪90年代，泡沫破灭后的日本经济经历了长期的停滞，最主要的原因并非在于临时性需求的不足，而在于资产重估迟迟没有进展。也就是说，日本经济的恶化并非源于需求方面的原因，而是源于供给方面的原因，因此仅仅靠扩大财政支出是无法拉动经济增长的。

然而，当时的日本没有及时解决供给方面的问题，反而积极实施起了总需求管理政策。政府做了错误的诊断，又实施了错误的治疗，其所导致的结果能通过图1-1清晰地看出。

1989年12月末，日经指数达到最高值（38915点），但年后即开始大幅下跌，紧接着到了1992年，土地价格也开始暴跌。那时，泡沫已然破灭了。从1992年到1995年，政府连续不断地实施经济刺激政策。可无论怎样扩大财政支出，经济始终不见好转。相反，这种财政扩张只带来了赤字的累积。受累于这样的政策，20世纪90年代的日本出现了所谓"失去的十年"的状况。

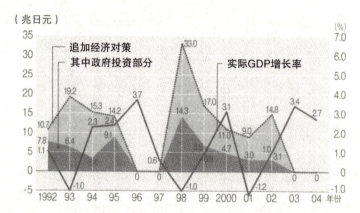

图1-1 实际GDP增长率和追加经济对策间的关联性

失业问题的存在是否合理

虽然大多数人认可通过扩大政府支出来调控经济的总需求管理政策，但在经济学的学术讨论中，也确实存在着对这种思路本身的反对意见。

首先，有一种从根源出发的批判认为，存在失业问题本身就是一件非常奇怪的事。这种观点认为，"因为存在失业现象所以要实施总需求管理政策"的思路是错误的，政府应做的是整顿就业市场，消除失业现象。

失业是在劳动力的供给大于需求时发生的现象，如果市场的调节机制能充分发挥作用，在这种情况下，劳动力的价格也就是薪水就会下降，就能再次达到劳动力供需的平衡点。

但是在实际的就业市场里，这只"看不见的手"并不能充分发挥作用。诸如工会这样的机构会强烈抵制减薪，使得薪资水平难以下降，这就是所谓的薪资下降刚性。也就是说，在就业市场中，即使发生失业，价格引导供需调整的市场调节机制也不会充分发挥作用。因此，GDP增长虽不能完全解决就业问题，但政府的总需求管理政策仍是有一定作用的，这是我们在现实中必须承认的。

其次，存在一种更根本的经济学争议，它被称作"李嘉图等价命题"。其主张：

政府为了扩大支出而发行国债，但按照逻辑推想可知，国债到期后，国家必须连本带息偿还，可以想见，届时国家会通过增税来获得资金来源。也就是说，发行国债等同于未来的增税。所以即使政府支出增加，理性的人也会为将来增税做准备，减少消费。所以整体而言，总需求并没有增加。

第三，也有人指出，被称作总需求管理政策的凯恩斯政策在现实中有很多自相矛盾的地方。

其中最大的一个问题是，人们对政府这个精英集团能否正确判断并实行政策抱有怀疑。凯恩斯主义有一个不成文的前提是，政府能够正确认识到经济现在处于何种状态，能在合适的时机增加适量的政府支出，将经济再度引导回归均衡状态。但是，是否真的存在这样一个无所不知的精英集团（政府）呢？这是一个疑问。

凯恩斯就读于剑桥大学时，住在叫做哈维路的知名地区，他召集了大量当时的知识分子（精英），进行了各种各样的探讨。所以，凯恩斯政策认为精英阶层可以解决所有问题的前提，故又被称作"哈维路的文化前提"（Harvey Road Presumption）。

可是在现实中，政府是会犯错误的。因此有人认为，"哈维路的文化前提"本身也是错误的。

政府的经济预测在多大程度上是正确的

在此，为了启发读者思考"哈维路的文化前提"的正确性，让我们一起看一下过去的政府经济预测在多大程度上是正确的。

图1-2中的实线表示了名义GDP增长率的预测误差（实际增长和政府预测之间的差值）。在20世纪80年代，大多数年份的名义增长率都大大超过了政府的预测值；相反，到了20世纪90年代，大多数年份的名义增长率又大大低于政府预测。也就是说，在80年代到90年代，政府预测和实际增长率之间有着相当大的误差。但到了2000年以后，预测误差跟以前相比缩小了一些。

在图中没有显示的是，到90年代为止，比起政府预测，很多民间智库的预测准确率更高。

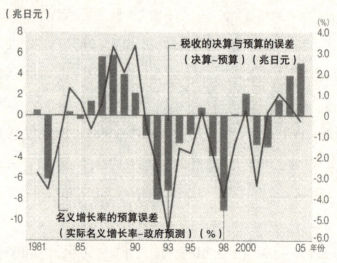

图1-2 名义增长率的预测误差和税收的预测误差

注：基于一般会计的税收
资料出处：《财务金融统计月报》（财务省）等

也有人指出，政府预测不应是单纯的"预测"，而应该被解读为指明未来经济走向的信息。但是，政府这种组织是看最高层的脸色行动的，在这点上与任何民间企业并无差异。所以从这层意义上来看，所谓政府能正确预测这一"哈维路的文化前提"并非绝对正确。所谓政府比民营组织更具备优势，只不过是幻想而已。把政府比民营机构更具有优势作为前提，不得不说是有不合理之处的。

附带说明一下，图1-2中也展现了税收的决算报告和预算的偏差。因为税收的结构十分复杂，所以编制税收收入预算并非易事。

例如，在征收法人税的时候，按照规定，过去出现亏损的企业即使经营出现好转，利润回升，在全部冲减完账面上的亏损额之前，企业也不用缴税。也就是说，并非经营好转就一定伴随着税收的增加。

也许是因为上述因素，我们可以发现税收的预测误差是非常大的，这一点从图1-2中也能看出。例如在1988年，实际税收比预测值多出大约6兆日元，而1992年的实际税收却比预测值少了约8兆日元，1998年的实际税收更是比预测值少了约9兆日元。如此看来，预测税收收入是极为困难的。所以，政府想要对税收和财政做出微调（Fine-tuning），是一件极其困难的事情。

凯恩斯政策与政治压力

还有反对意见更深入地指出了政治和经济方面存在的问题，例如，政府的应对极为迟缓。

在议会制民主主义政体下，一切政策的制定都要经历一个民主决策的过程。扩张性财政政策，即"财政"和"预算"等问题，都是需要通过国会审议决定的重要事项，因此，真正确定政策需要相当长的一段时间。所以我们不得不承认，即使政府对经济形势的判断是正确的，想要灵活地运用财政政策手段也是极其困难的一件事。

此外，还有政治上的压力摆在那里。总需求管理政策本来是一个双向调节政策，在经济形势不好的时候实行扩张性政策，在经济过热的时候实行收缩性政策。可是在议会制民主机制下，扩张性财政政策更容易被采纳，因为政府支出扩大往往会对政党在选举中胜出起到很大的作用。就像美国经济学家詹姆斯·布坎南和理查德·瓦格纳指出的那样，这就形成公共部门变得臃肿化的风险，导致经济效率低下。

另外，想让一度扩张的财政支出复原，会伴随巨大的政治困难，因为"回到"原有的财政规模，就意味着"削减"现有的财政支出。

在20世纪30年代的日本，由当时的大藏大臣高桥是清发起的扩张性财政政策起到了一定的效果，从而使得经济复苏。但是，财政扩张的相当一部分是军费的增加，因为军队的阻挠，政府在经济复苏后也迟迟未能把这部分支出削减到原来的水平，高桥主导的财政削减（军费预算削减）甚至成了1936年发生的二·二六事件①的经济背景，这一事件的经过广为人知。

更进一步说，即使政府能够正确预测经济形势，并确定了财政支出政

---

① 1936年2月26日，以皇道派青年军官率领的近卫步兵第三联队为中心的一千多名日本军人，袭击了日本首相官邸等多处枢要部门，杀害了大藏大臣高桥是清数人。最终，政变遭到扑灭，皇道派在军中的影响力被削减，而日本帝国军队主流派领导人对日本政府的政治影响力却得到了增强。——译者注

策，充分实施这些政策也并非易事。因为在日本，很多公共工程的实际主体并非中央政府，而是地方自治体。比较根据政府预算进行的公共投资的增长率和实际公共投资的增长率，就能看出两者之间存在明显的不一致。

在20世纪90年代，日本政府曾接二连三地出台追加经济对策以增加公共事业投资，其中也包含了地方自治体的投资部分。也就是说，追加的财政支出未必会在政府考虑扩大财政支出的那个时点支出。因此，从宏观层面来看，人们未必能看到扩张性财政政策带来的效果。

作为结论，我们可以认为市场所给出的反应总是明智的。对于"李嘉图等价命题"到底在多大程度上符合现实社会情况，人们的意见各异，但至少从长期来看，我们可以认为市场的反应总是理性的。

重要的是，在短期内，市场调节可能会有出错的时候。正因为市场调节出错，日本才经历了泡沫崩溃。当市场调节出错或者仅仅靠市场不能调节的时候，就需要政府出手了。

当然，政府也有犯错误的风险，但是作为修正市场反应的重要角色，政府的行动是非常重要的。

第二章

与"增税论"战斗

——财政政策

闘う経済学
未来をつくる「公共政策論」入門

本章关键词

基础财政收支；流量与存量；骨太方针；可持续性；多马定理

使基础财政收支实现盈余

日本经济存在巨额财政赤字，这是一个重大的问题，因此再建财政体系一直被政府视为最迫切的任务。虽然在"失去的十年"里，这个问题被一再提起，但近年来，人们的呼声更加热切起来。

作为经济财政政策担当大臣，我在2001年6月26日内阁会议通过的《骨太方针2001》①中加入了下面这样一句话：

作为财政体系再建的中期目标，首先要实现"基础财政收支的盈余"。

基础财政收支（Primary Balance）是指不计国债负担的政府收支，所以这句话的意思也可以理解为"除支付国债本息之外的政府支出，无须依赖新的贷款"。对照企业财务，我们可以认为它是支付利息前的损益。换句话说，除去了"支付利息"后的"税收减去政府投资"部分，可以称作"基础财政收支"。

为什么将"基础财政收支实现盈余"视作重要的财政目标呢？《骨太方针2001》中列出了以下两点原因。首先，当前行政服务所花费的费用应由当前的税收等收入来承担，而不应该让子孙后代先行垫付。为了实现每一代人

---

① 即日本年度经济政策方针，于2001年最早提出，为日本的重大改革举措奠定了基础。——译者注

之间的平等，这是十分重要的一环。

另一点，作为恢复财政中长期可持续发展的前提，使基础财政收支实现盈余是必要的。当时我们预计，截至2001年（平成13年）末，国家和地方政府的长期债务总额占GDP之比将高达128.5%。

若债务总额占GDP之比持续增长，则无论怎么看，日本经济都不可能实现"可持续发展"。不可持续，就意味着在某一时点，人们对国债的信任将发生根本性的动摇，之后便将出现诸如国债价格暴跌等大规模的混乱。下文中我也将提到，（在某种前提下）使基础财政收支实现盈余，是避免债务总额占GDP之比持续上升的必要条件。

《骨太方针2001》的结尾做出了这样的总结：

在经济财政咨询会议[①]上，为了明确如何推进及何时达成基础财政收支盈余，将继续进行研究探讨，力争在年内拿出具体方案。

当时是首次将基础财政收支的概念拿到政策的台面上，所以很多决策者似乎并没有充分理解其含义。此后，由于这一概念多次在经济财政咨询会议等场合被提及，"基础财政收支"一词才渐渐地普及开来。据会议记录资料，2001年11月27日举行的会议上，当时担任财务大臣的盐川正十郎做了这样的发言：

基础财政收支实现盈余是有必要的。我在国会答辩上也说过，预计到2010年左右会实现（摆脱赤字，实现财政收支平衡）。这不是五六年内就能实现的事，所以定在2010年时间会比较宽裕。但慢一点也没有关系，这是我无论如何都希望实现的事。

① 经济财政咨询会议于2001年1月由日本内阁府设立，接受首相的咨询，对与经济财政政策相关的重要事项进行调查审议。——译者注

累积债务总额

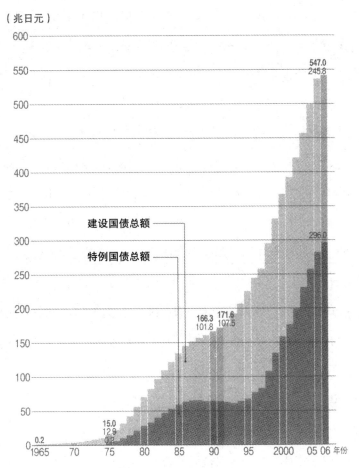

（兆日元）

图2-1 累积债务总额

注：债务总额为各年度截至3月底的金额，但2005年和2006年为预计金额。

资料出处：《图说日本的财政：平成18年度版》（木下康司编｜东洋经济新闻社）

如图2-1所示，从1998年（平成10年）起，日本的债务总额急速增加，到2006年，日本的累积债务总额已达GDP的1.4倍，积累了巨额的财政赤字。从这张图中，我们可以看出几个重要的问题。

首先我们可以看出，日本政府在1975年（昭和50年）前几乎没有发行过国债，却能基本实现收支平衡，发行的极少量国债也属于所谓的"建设国债"。但以1973年发生的第一次石油危机为转折点，日本政府开始大量发行国债，出现了财政积极干预经济的风潮。

日本的国债分为"建设国债"和"特例国债"两种。为开展公共事业而发行的国债称为建设国债，为填补流量（政府经常性支出）的赤字而特别许可发行的称为特例国债（又称赤字国债）。两种国债有什么区别呢？债券上其实没有任何地方标明两者的区别，就像相同面额的货币不会有不同的颜色那样，债券上也没有标志。只是从财政纪律的观点出发，将投入公共事业的称为建设国债而已。

因此纯粹从宏观经济学的角度来看，区分建设国债和特例国债的不同并无意义。从填补资金不足的功能来说，两者都是国债，利率计算方法也并无不同。

但财政当局仍然倾向于使用"建设国债"这个词，因为它仅限用于公共事业方面，有使用范围的限制，而赤字国债并没有这种限制。作为财政当局，使用"建设国债"这个词只是为了表达自己务实的美好愿望罢了。

总之，日本从1970年左右开始发行国债，到80年代后期产生泡沫经济时，债务总额暂时停止增长。但随着泡沫破灭，债务总额又发生了飞速增长。

在被称为"失去的十年"的20世纪90年代，日本一直存在着资产重估问题，但这个问题非但没有得到解决，政府还不断试图通过临时发行国债和扩张性财政政策来绕开它。结果便是经济持续停滞不前，债务不断累积。

大规模发行国债和利率自由化

虽然并不属于财政问题的范畴，但事实上，国债增加确实对日本的金融自由化——特别是利率自由化——产生了重大的影响。

虽然利率被认为是由市场资金供需所决定的，但创造利率自由化的最重要契机却是国债市场。

国家发行的国债由银团认购。银团是金融机构的联合体，它与政府协商，以决定国债的发行条件。

作为供给方的国家与作为需求方的银团通过谈判决定的利率，自然不可能大幅偏离市场利率，其在一定程度上反映了市场利率情况。但由于供给方是国家（在日本是财务省理财局），所以难保政府会以类似御用金①调配的方式来设定低利率，因此有人对此一直抱有担忧。

另一方面，国债有二级市场（流通市场）。在日本，汽车的二级市场指的是二手车市场，而国债的流通市场也称为二级市场，它敏感地反映了想买和想卖国债的人的需求和供给，决定着作为国债价格的国债利率。

从1975年（昭和50年）开始，伴随着日本国债的大量发行，二级市场也迅速扩大。政府接二连三地发行国债，由金融机构认购。但金融机构并不

①　日本江户时代，幕府和各藩为填补财政资金不足而临时向御用商人征收的金钱。——译者注

会一直持有国债至到期，因为它们的职能就是通过贷款等形式来运作资金，开展信用风险业务。于是金融机构持有国债的时间越来越短，在二级市场销售，而二级市场随之逐渐扩大。

由于国债二级市场的规模激增，便产生了公开市场（Open Market），促进了利率自由化的发展。也就是说，国债大量发行导致二级市场扩大，开启了利率自由化的重要进程。所以，大藏省理财局的国债发行，推动了大藏省银行局负责的利率自由化。这是一个非常重要的现象，因为在经济活动中，出现任何大的动向，都肯定会像这一样引起连锁的体系变革。

讨论财政赤字时的两个注意点

讨论巨额财政问题前，务必事先确认一个问题——财政赤字是什么。仔细观察会发现，新闻媒体中出现的"财政赤字"一词，有很多不同的含义。

首先，思考财政赤字问题时必须将流量（Flow）与存量（Stock）分开来看。每年政府财政收入与政府财政支出的差额，就是流量的财政赤字。例如，税收（政府收入）为50兆日元，支出（政府支出）为70兆日元，则财政赤字就为20兆日元。

另一方面，日本还担负着高达700兆日元的债务总额，这也被大家视为财政赤字问题。但这属于存量的范畴，一般不称为"700兆日元赤字"，而是称为"700兆日元的债务总额"。每年流量的财政赤字（即国债发行）的累积，就是存量的债务总额。

显然，流量与存量两者是互相关联的，但在讨论财政赤字问题时，可能是以前者为对象，也可能是以后者为对象，对此必须引起充分注意。

另一方面，由于财政赤字是政府的赤字，所以根据"政府"的定义不同，其含义也有所不同。日本前首相小泉纯一郎曾说过："人生百态，企业也是五花八门。"其实，政府也是多种多样的。从财政赤字的视角来看，它包括中央政府、地方政府和社会保障基金三种类型。

中央政府指国家的政府，简单来说，日本财务省做的预算里集结的赤字即为中央政府的赤字。而地方自治体的政府被称为地方政府，就像人们说东京都的财政、大阪府的财政、北海道的财政那样，地方政府也拥有财政，除东京都等少数地方自治体外，大多数地方自治体都存在赤字。

2001年时，日本约有3300个地方自治体，但到2007年已减少至1800个左右。顺便说一下，政府虽然没有明确提及，但正在进行的"市町村合并"的目标，便是将地方自治体削减至1000个。日本人口数量约为1.27亿，地方自治体变为1000个，就等于平均每个自治体的人口约为12.7万人。

一部分民主党干部称，要使市町村的平均人口变为30万，就意味着地方自治体的数量必须削减至300～400个。

国家收支的一个重要项目是社会保障基金。日本的年金①和国民健康保险采取由国家负责运营、国民向国家支付保险费并接受国家给付的形式。因为有进账和出账，所以这个部分也可以看作是国家财政的一部分。

宏观讨论财政赤字时，可能会以中央政府、地方政府、社会保障基金这三种政府为对象，但是社会保障与国家财政所依据的基础不同，它是以社会保障制度方面的因素来决定的。所以将财政赤字作为一项政策进行探讨时，

---

① 类似于中国的退休金。每月缴纳费用，到退休年龄后领取。——译者注

人们一般只以国家和地方政府为对象。换句话说，讨论的是除了社会保障基金外的国家和地方的财政赤字问题。

目前（2008年）日本政府正式公布的政策目标是：在21世纪头10年前期，国家和地方的基础财政收支实现平衡，这也是政府对财政再建所设的唯一政策目标。在《骨太方针2001》中，我这样写道："必须实施切实的财政再建工作，首先确保在平成14年度（2002年）预算中，将国债发行控制在30兆日元以下，在此之后，使基础财政收支实现盈余。"

不过令人遗憾的是，关于财政再建，政府此后再也没有公布新的政策目标。

主要成员国一般政府[1]财政支出占GDP之比

表2-1是经济合作与发展组织（OECD）公布的"主要成员国一般政府财政支出占名义GDP之比"，从表中可以看出，与其他各国相比，日本的流量赤字明显偏高。

但从表2-1我们还能够获得一个信息。

日本的财政赤字在一段时期内有明显降低。截至2003年，日本的财政赤字占GDP之比一直在7%～8%，但到2008年却被控制在了4%以内。可以预测，日本今后的财政赤字将会进一步减少。事实也证明，虽然目前日本财政赤字缺口非常大，但总体上是在逐渐减少的。

---

[1] 一般政府由中央政府、地方政府和社会保障基金组成，即狭义上的政府。基于这一概念，可以对不同制度的国家的财政状况进行比较。——译者注

表2-1 主要成员国一般政府财政收支占名义GDP之比（％）

年份 国别或地区	1999	2000	2001	2002	2003	2004	2005	2006	2007	2008
日本	△7.5	△7.7	△6.4	△8.2	△8.0	△6.3	△5.3	△4.6	△4.0	△3.7
美国	△0.9	1.6	△0.4	△3.8	△4.8	△4.6	△3.7	△2.3	△2.8	△3.0
德国	△1.5	1.3	△2.8	△3.6	△4.0	△3.7	△3.2	△2.3	△1.4	△1.3
法国	△1.7	△1.5	△1.6	△3.2	△4.2	△3.7	△2.9	△2.7	△2.5	△2.3
意大利	△1.8	△0.9	△3.1	△3.0	△3.5	△3.5	△4.3	△4.8	△3.2	△3.3
英国	1.2	4.0	0.9	△1.7	△3.4	△3.3	△3.4	△3.0	△2.7	△2.6
欧盟	△1.3	0.0	△1.8	△2.6	△3.1	△2.8	△2.4	△2.1	△1.5	△1.4
OECD	△8.5	0.3	△1.3	△3.2	△4.0	△3.4	△2.7	△2.0	△2.0	△2.0

表2-2 主要成员国一般政府债务总额占名义GDP之比（％）

年份 国别或地区	1999	2000	2001	2002	2003	2004	2005	2006	2007	2008
日本	128.9	137.1	145.2	154.0	160.2	168.1	173.1	176.2	177.6	177.3
美国	61.0	55.2	55.2	57.5	60.8	61.6	61.8	60.9	61.8	62.6
德国	61.5	60.4	59.7	62.1	65.4	68.8	71.1	71.3	69.9	69.3
法国	66.5	65.2	63.8	66.8	71.0	73.3	76.1	75.3	74.6	73.4
意大利	125.7	121.0	120.1	119.0	116.9	117.5	120.4	120.8	121.0	121.2
英国	48.5	45.7	41.0	41.3	41.8	43.4	46.7	47.9	49.0	50.2
欧盟	78.2	75.1	73.8	74.1	75.1	76.0	77.3	76.8	75.6	74.5
OECD	72.4	69.6	69.8	71.9	74.2	75.8	76.9	76.9	77.1	76.9

资料出处：*Economic Outlook*（OECD）

接下来看表2-2。这是主要成员国一般政府债务总额占名义GDP之比，其中超过100%的只有日本和意大利。而且自1999年日本债务总额比率超过意大利后，这个比率一直在持续上升。可见从存量来看，日本债务总额比率远远高过其他国家，国债累积量非常庞大。

但是仔细研究日本的这组数据，我们还会发现一个重要问题：虽然数值保持高位，但从2005年开始，数值的上升势头开始趋于平稳。虽然仍然在上升，但似乎即将触顶，这是因为流量赤字在减少。由于流量赤字减少，作为存量的债务总额也就近乎停止增长了。当基础财政收支的赤字消除，实现收支平衡或转为盈余时，积累的赤字也就会慢慢减少。换言之，从表2-2来看，如果日本继续目前的努力，基础财政收支平衡就有可能实现。

财政的职能——提供公共产品①

从上文可见，日本存在着巨大的财政赤字缺口，而目前正处于消除赤字的进程中。但是，我们已经知道了存在巨额财政赤字的事实，却还不清楚为什么对经济来说，巨额的财政赤字是一件坏事，也不清楚要如何经营财政才能消除赤字。

后文将会对上述问题进行解答，在此之前，我们首先要明确一个关于财政职能的基本问题——财政到底应该做什么。无论是盈余还是赤字，财政都有其必须完成的职能。

财政之所以存在，是因为人们需要它。因为有必要，我们才会缴纳税金，政府则对收集起来的这笔钱进行支配。那么，财政究竟需要承担什么样的职能呢？只要是稍微学过经济学基础的人，都可能会想到资源配置、收入分配、经济调节这三项职能。我将按顺序加以说明。

---

① 公共产品与私人产品相对，指消费或使用上具有非竞争性以及受益上具有非排他性的产品。——译者注

资源配置职能

第一项是资源配置职能，即通过财政杠杆，实现对必要资源的有效配置。自18世纪后半叶亚当·斯密将市场的职能定型之后，我们便知道，对资源配置起基础性作用的是市场（Market），这是一个重要的知识点。但是有些资源只靠市场是无法分配的，最简单的例子就是国防。如果依靠市场机制配置国防，保卫日本的国防经费便将由某公司来承担，这显然是不可能的。正如大家所知，如果将公路、公园等也交给市场，必将出现供应不足的问题。

如上所述，我们将市场无法供应的产品和服务称为"公共产品"，它有"非竞争性"和"非排他性"两个特点。不会因为一部分人对该产品的消费而影响到另一些人对该产品的消费，便称为"非竞争性"；产品在消费过程中所产生的利益不能仅仅为某个人或某些人所专有，就是"非排他性"。

在市场中交易的产品和服务，只有针对某项产品或服务支付金钱后，才能获得利益。例如，在超市购物，买到的东西就会成为自己的财产。但是对公共产品，支付金钱后所产生的利益是不能为自己所专有的。

国防是公共产品中最为典型的一种。例如，某人为了保护自己免于被国外导弹攻击，制造了防御壁垒，那么这个壁垒显然不可能只保护他一个人，而是保护日本这个国家的。只要有人为了保护自己而建筑防御工事，便等于保护了整个国家，也保护了其他人。这样一来，所有人都会觉得自己不需要承担这笔费用，只要由另外的某个人承担即可。这会导致任何人都不去建筑防御工事，那么国家就无法躲避导弹的攻击了。

也就是说，像国防这样的服务是市场无法提供的。于是为了所有人的利益，国家（政府）或者地方公共团体将资金（税）集中起来，由财政对资源进行配置。

收入分配职能

第二项职能是收入分配职能。在当前这个时代，人与人之间的收入差距依然很大，有高收入的人群，有低收入的人群，甚至还有完全没有收入的人群。

在多数情况下，由于我们都是日本人，所以怀有作为一个共同体生存下去的强烈意愿。《日本国宪法》第25条规定："全体国民都享有健康和文化的最低限度的生活的权利。"为了实现这"最低限度的生活"，财政需要发挥收入分配的职能。《日本国宪法》第25条第2款印证了这一职能，规定："国家必须在生活的一切方面为提高和增进社会福利、社会保障以及公共卫生而努力。"

财政不仅要对高收入人群课征所得税，再分配给低收入人群，还要从高收入地区筹集资金，再分配到低收入地区。我出生在和歌山县，在县里的公立初中和公立高中接受教育，然后去了东京上大学。之所以能接受这样的教育，是因为早在当时就有将东京的收入再分配到地方的制度。

个体和地区间的收入分配都是很有必要的事，这就是财政的职能所在。但是，判断"由谁、如何、以什么程度"来分配，就是一个非常困难的问题了，100个人也许就有100种答案。如果收入分配过度，人们可能就会失去工作热情，或者过高地依赖其他地区，导致出现各种意义层面的道德风险（Moral Hazard）①。

对于收入分配，人们的看法有很多，但一定要将"由谁、如何、以什么程度"这一系列问题放在历史和社会背景中加以思考并进行构筑才行。而这其实是最能体现该国民主主义程度的地方。

经济调节职能

第三项是经济调节职能，即由于财政的存在而使经济趋于稳定。凯恩斯主义财政政策就是政府为克服经济不景气而运用财政杠杆调节经济的政策，但即使政府没有怀着特定意图，财政本身就担负着稳定经济的职能，这种职能被称作财政的"内在稳定器"（Built-in stabilizer）。

内在稳定器效应体现在政府的税收和支出两个方面。

税收方面，让我们来看税收制度的累进结构。累进的所得税制向收入高的人课更高的税，当经济状况良好时，国民收入增加，平均税率增长，意味着很多资金从民间流向国家。这样就能抑制民间消费和投资，防止经济出现过热。

相反，当经济不景气时，国民收入减少，平均税率下降。这意味着资金不会流向国家而是留在民间，这部分资金将支撑经济。换句话说，经济景气时，税收制度的累进结构使经济避免过热，由国家将资金集中起来；而经济

---

① 道德风险是20世纪80年代提出的一个经济哲学范畴的概念，即"从事经济活动的人在最大限度地增进自身效用的同时做出不利于他人的行动"。——译者注

不景气时，累进结构使资金留在民间。这就是内在稳定器的意义。

同样的道理也适用于政府支出。如社会保障支出、教育支出等，政府支出也是根据一定基准分配的。经济不景气时，政府必须支付一定的经费；经济景气时，也无需额外支出更多的钱。所以在政府支出方面，内在稳定器也在发挥它的功效。

发生财政赤字为何是坏事

在这一部分，让我们换个话题，讨论一下为什么说巨额财政赤字对经济来说是件坏事，财政赤字到底存在什么问题，如果放任财政赤字不管，最终会发生什么。

一种回答是，财政赤字增加将导致长期利率上升，或产生通货膨胀。

从历史上看，财政赤字扩大时，长期利率上升，会产生通货膨胀加剧、国民生活艰难等各种问题。当然，日本到目前为止还没有发生这样的情况，因此也有经济学家认为，财政赤字并非什么大问题。

但是，我们无法保证将来长期利率能一直保持在较低水平。因此绝大多数经济学家认为，在发生利率上升、严重通货膨胀等严峻问题前，必须解决财政赤字问题。毕竟，一直放任巨额财政赤字不管，不知何时会发生这些现象。

还有一种回答是，财政赤字会导致财政僵化。财政赤字通过发行国债来填补，而国债是附带利息的。在国债到期前，国家需要一直支付利息，而到期后则必须全额偿还。用于偿还的资金，当然必须由财政即国库来负担。

换言之，随着财政赤字的增加，国家要支付的利息就越多，利息占财政支出的比重就会增大，结果导致财政支出无法用在真正需要的地方。例如，日本新澙中部地区在遭受两次大地震后又遭遇强台风灾害，为了这一地区的灾后恢复，动用财政是政府理所当然的职能。然而，如果政府因利息的负担导致资金不足，无法进行更多的借贷，就有可能给国民生活带来不稳定因素。

因此，政府必须使财政实现一定程度上的轻量化和健全化，使其具备灵活可变通的结构，这是一个非常重要的课题。

国债暴跌的可能性

事实上，经济学家之间就财政赤字是好是坏的问题，一直在进行着如神学辩论般深刻的讨论。在这里，我先来解释一下"财政赤字并非大问题"这一主张的精髓：

即使财政赤字增加，睿智的国民也会预料到将来税金的增加，因而主动增加储蓄。财政赤字就是政府的负储蓄，因此它正好能与国民的正储蓄抵消。也就是说，从宏观经济整体来看，只是储蓄的主体发生变化，并不会引发任何问题。

这种想法在理论上具有一定的说服力，但在考虑现实的政策问题时，还有一个无论如何都要考虑的重要因素。——如果放任财政赤字不管，不仅财政会出现僵化，作为存量的国债总额也不可能无限增加。换句话说，国债总额占GDP之比是不可能无限度持续上升的。

如果国债总额持续上升，在将来某个时间点将出现无法融资的状况。

也许是在5年后，也可能是在10年后。自1975年（昭和50年）至今，日本国债总额持续增长，但我们无法想象它能在今后100年里继续增加，一直都能得到融资。在某一时点，状况会发生质变，最容易理解的状况便是国债价格暴跌。总而言之，目前的体系是不可持续的。制度和体系的"可持续性"问题，是政策层面必须应对的关键问题。

多马定理

因此，政策层面上必须将什么作为目标，就成了人们讨论的对象。为保持财政的稳定增长，首先须保证每年的财政赤字不再增加，然后减少赤字，逐步降低国债总额占GDP之比。

那么，要如何才能实现上述状况呢？一旦明白了做法，那就只要根据这种做法循规蹈矩地经营财政便可。这时可资借鉴的便是"多马定理"，而基础财政收支盈余这一现实的政策目标，也是从该模型中引出的。顺便一提，多马是指经济学家埃弗塞·多马[①]，他和以"哈罗德—多马模型"而著名的罗伊·哈罗德[②]一起，同被称为"凯恩斯的弟子"。

在将可持续发展作为课题时，债务总额（D）和GDP（Y）之间的关系，即D/Y的情况是十分重要的。我们将D/Y称作"国债总额占GDP之比"。

---

① 埃弗塞·多马（1914—1997）：俄裔美国经济学家，与罗伊·哈罗德同时提出了发展经济学中著名的经济增长模型哈罗德—多马模型。——译者注
② 罗伊·哈罗德（1900—1978）：英国经济学家，与埃弗塞·多马同时提出了发展经济学中著名的经济增长模型哈罗德—多马模型。——译者注

今年的债务总额（D_1）是如何产生的呢？它等于去年的债务总额（D_0）加上"应付利息"（＝去年的财政赤字×利率 r）与基础财政收支（今年的财政赤字－利息＝PB）。用公式表示为：

$$D_1 = D_0 + D_0 \times r + PB \qquad ①$$

另一方面，今年的 GDP（Y_1）等于去年的 GDP（Y_0）乘以"1＋名义 GDP 增长率（g）"。用公式表示为：

$$Y_1 = Y_0 (1+g) \qquad ②$$

根据公式①和公式②，可以推出今年的债务总额占 GDP 之比的公式：

$$\frac{D_1}{Y_1} = \frac{D_0(1+r)}{Y_0(1+g)} + \frac{PB}{Y_1} \qquad ③$$

如果基础财政收支赤字为零，达到收支平衡（$PB=0$），则公式③变为：

$$\frac{D_1}{Y_1} = \frac{D_0(1+r)}{Y_0(1+g)} \qquad ④$$

从公式④来看，为了使今年的债务总额占 GDP 之比不超过去年，必须满足以下条件：

$$\frac{1+r}{1+g} \leq 1 \qquad ⑤$$

反过来，只要满足公式⑤，那么如果能维持基础财政收支平衡，今年的债务总额占 GDP 之比就会低于去年。

而 $\frac{1+r}{1+g} \leq 1$，就意味着 $g \geq r$。

简单来说，只要实现基础财政收支平衡，并使得名义 GDP 增长率等于或大于利率，就能防止财政赤字占 GDP 之比进一步扩大，这样一来，就能实现经济的可持续发展。这就是多马定理的精髓。

长期利率和名义GDP增长率哪个更高

多马定理非常简单，但却是防止财政赤字占GDP之比扩大的重要条件。

很多希望进行财政再建的国家都已将这一定理转化为了实际的政策，但在日本，这个理念却还没有被落实。因此我在2001年提出了"基础财政收支"的概念，并制定了用10年时间恢复基础财政收支平衡的目标。在大多数情况下，利率和名义GDP增长率几乎相同，并没有很大差别，所以我认为，实现基础财政收支平衡是财政再建的第一步。

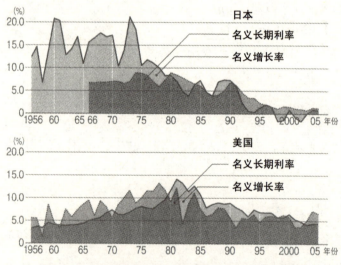

图2-2 日美两国长期利率和名义GDP增长率

资料出处：《图说：日本的财政（平成18年度版）》（木下康司编 | 东洋经济新报社）

图2-2是日美两国长期利率和名义GDP增长率数据。两者到底哪个更高？答案很简单。如图所示，根据过去的趋势是无法说清楚哪个更高的。经济财政咨询会议上也曾讨论了很多次，但是能证明国债利率相较名义GDP增

长率孰高孰低的理论模型并不存在。

经济增长理论中存在一种看法——在所谓的"稳定状态"下，名义利率将高于名义GDP增长率，但这种看法并不正确。因为经济增长理论中提到的名义利率并不是国债利率，而是民间资本的收益率。但是通常来说，国债利率要远远低于民间资本的收益率（民间的名义利率），因此我们只能说，长期利率和名义GDP增长率，"无法说清楚哪个更高"。另一方面，要在讨论日本今后10～20年的情况时套用"稳定状态"，也是很牵强的。

关于这个问题还可以作进一步深入研究，在此就不再探讨了。我将依据从长期来看长期利率与名义成长率几乎一致的现实设想，继续探讨基础财政收支的话题。

在21世纪头10年初实现基础财政收支盈余

2001年刚把"基础财政收支"这个概念首次引入政策层面时，"多马定理"在经济学教科书中已早有记载。例如，井堀利宏[1]和土居丈朗[2]合著的《日本政治的经济分析》（木铎社）中提及："公债的可持续条件是公债增长率或利率低于经济增长率，这个多马定理是人们所熟知的。"然而，政策制定者似乎并不理解"基础财政收支"一词。

但是，将众所周知的对事物的简单思维方式应用到政策中，是非常重要

---

[1]　井堀利宏（1952—）：日本经济学者，东京大学教授。专业研究领域为财政学和公共经济学。——译者注
[2]　土居丈朗（1970—）：日本经济学者，庆应义塾大学教授。专业研究领域为财政学、公共经济学、政治经济学和经济政策论。——译者注

的。当时对我来说最难的问题是，要花费多长时间才能使基础财政收支达到平衡。

正如本章开头所述，《骨太方针2001》中明确提出了："为了明确如何推进及何时达成基础财政收支盈余，将继续进行研究探讨，在年内拿出具体方案。"因此，在2001年11月22日的经济财政咨询会议上，有人提交讨论备忘录时说，为制定《中期经济财政计划（暂名）》，"关于实现基础财政收支平衡等目标，是否应当进行更为长期的探讨（例如延长至2010年度）？"而在12月25日的经济财政咨询会议上提出的《结构改革和经济财政的中期展望（暂名）——最终总结案》中明确表示："应当在21世纪头10年初实现基础财政收支盈余。"

至于为何以"21世纪头10年初"为目标时间，主要有以下几个方面的考虑。

设立一个多长时限的目标，是一件非常重要的事。是2年还是5年，或是10年、30年？首先可以肯定的是，过近的目标风险很大，如果无法达成，就会造成政策层面的混乱，更生动点说，就是会造成政治责任问题。但另一方面，太过遥远的目标无法形成向心力，大家会觉得暂且搁置也无妨。

因此，我希望担负起这个责任，制定一个"可见到终点"的目标，5年也许正是它的极限。但在财政上，5年这个期限是非常短的。因为制定预算就需要1年，所以实际上留给我们用于实施政策的时间不是5年，而是4年。因此我们最终决定，将实现的时间范围设为10年。

当时，日本的基础财政收支赤字占GDP之比为5.4%，要在10年内将赤字减为零，意味着每年其占GDP之比都需削减约0.5%。因为这个数值关系到乘数，所以实质上等于要把GDP下调0.5%～0.6%，财政重建定会给经济带来负面压力。一般认为，日本的潜在经济增长率是1.7%～2.0%，所以1%的负面压力就会产生很大的影响。根据经济周期，甚至有可能陷入经济的负增长，因此应该尽量避免负面压力超过1%。不过0.5%应该是可以承受的，为了财政重建，这也是必须接受的。所以，财政赤字占GDP之比必须每年下调0.5%～0.6%。

其实从2001年开始计算10年，到2011年就应该截止了，但我们仍然使用了"21世纪头10年初"这个词，也是为了获得一点宽裕。

随着21世纪头10年初即将到来，改善基础财政收支平衡的目标到底进展得如何了呢？5年前（2003年）日本的基础财政收支赤字为28兆日元；而按照2007年的预计，今年的赤字将缩小到8兆日元。可见如果保持这样的进度，当初设定的21世纪头10年初实现基础财政收支盈余的目标在消费税不上调的情况下是能顺利完成的。增加税收会给经济发展造成负担，所以应尽量避免。

但由于近一两年改革进程缓慢，这一路线亮起了黄灯。第一，由于经济增长放缓和通货紧缩难以克服，名义GDP增长停滞，导致税收增长明显减缓。第二，打着保护地方利益、保护弱势群体等名义，政府支出削减的势头低下。这造成5年来首次出现逆行之势——2008年度预算中，基础财政收支赤字扩大。借此机会，一些希望能一下子抬高消费税的政治势力也开始施压。

更重要的问题是，21世纪头10年初基础财政收支平衡的目标实现后，应如何构筑新的政策目标呢？21世纪头10年过后，日本已完全步入老龄化社会，社会保障负担进一步加重。这就出现了要如何控制老龄化程度，以及如何承担必要费用（是否增税）的问题。

此时，如何设定财政健全化目标（例如：将年国债额占GDP之比x%减少至y%），就成了政府的重要课题。令人遗憾的是，即使是经济财政咨询会议，也回避了讨论这个重要问题。避开目标而只讨论税金是不现实的，连目标都还没确定就讨论是否应该提高消费税，不得不说是有失偏颇的。

不削减政府支出，就不能增税

克服财政赤字已经成了很多国家最重要的政策课题之一。因财政问题而烦恼的国家很多，也有很多国家正试图解决这个问题，但其中只有一部分国家能够顺利解决。那么，在顺利开展和未开展财政再建的两类国家之间，我们是否可以发现某些规律呢？

哈佛大学教授阿尔贝托·阿莱西纳（Alberto Alesina）[①]以经济学和政治学的中间领域作为研究对象，和研究人员将过去各个国家实际施行过的财政再建案例全部收集起来，就其成功和失败的原因进行了分析。模仿阿莱西纳的研究，OECD等其他国际机构也多次进行了类似的研究。

现在让我们来讨论一下为再建财政所实行的改革的"内容"与改革后"经济增长率"之间的关系。

首先，在经济增长率上升的案例中，我们可以发现，相比增加财政收入（增税），这些政府在削减政府支出方面投入了更多精力。而在经济增长率低下的案例中，这些政府都企图只通过增税而不削减政府支出来改善基础财

---

① 阿尔贝托·阿莱西纳（1957—）：1957年出生于意大利，哈佛大学政治经济学教授，世界知名政治经济学家。——译者注

政收支。从这个结果可见，为了保持经济活力，持续改善财政收支状况，最重要的是削减政府支出，建设一个"小政府"。这一结论与大多的常识是相符合的。

以上结论便可引出"不削减政府支出，就不能增税"的经验法则。分析其中原因：一是，如果增税，就会增加国民负担，削弱经济增长力，导致财政再建的难度加大；二是，政府明明必须先削减政府支出，却突然增税，这会使政府失去国民的信赖，造成政治不稳定，最终造成经济状况也难以改善。

伴随制度改革，削减政府支出

不妨以OECD 20个成员国为对象，研究这些国家的政府在具体采取哪些削减政府支出时，能带来明显的改革效果。从成功的财政改革案例中可以发现，这些国家不仅削减了公共投资和政府支出，同时也努力削减了人员经费和社会保障费用，从而扩大了财政收支改善的幅度，最终实现了财政的持续好转。相反，在那些失败的财政改革案例中，政府严重依赖于增税，且依然维持甚至增加人员经费和社会保障费用等强制性支出，导致财政收支的改善幅度减小，无法实现财政收支平衡的持续性。

即使出现财政赤字，大多数人往往还是会辩称，工作人员也要生活，所以无法削减人员经费，社会保障很重要，所以无法减少。确实，这些是所谓的强制性支出，很难削减，但财政再建成功的案例都是因为这些部分成功实现了精简。没有什么政策经费是可以轻易削减的，所以人员经费也好，社会保障费用也罢，只要能够削减，就要干净利落地砍掉，在实行制度改革的同时削减政府支出，否则，财政再建将难以顺利实现。

因此，无论什么国家，在进行财政再建时都需要切切实实地削减包括社会保障和人员费用在内的政府支出，并在这一过程中增强经济活力，而税收则应一步一步慢慢增加。只有这样，财政再建才有可能实现。这条经验告诉我们，必须为此进行多年不懈的努力，才能有成果。

过多的日本公共事业

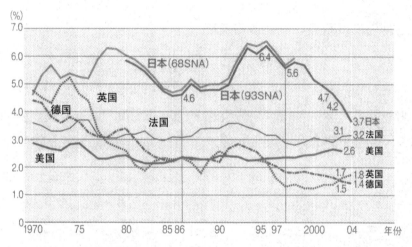

图2-3 公共投资（基于一般政府）占GDP之比的变化趋势

注：日本数据依照《国民经济计算年报》，其他各国数据依照OECD National Accounts 2005（公历年），1978年起的法国数据和1991年起的德国数据，依照联合国新国民经济核算体系（93′ SNA）统计得出。在德国的数据中，1990年为止为西德的数据。
资料出处：《图说：日本的财政（平成18年度版）》（本下康司编|东洋经济新报社）

图2-3为各国公共投资占GDP之比变化情况的比较。从图中可以一目了然地看出，日本公共事业占GDP之比一直居高不下。特别是在被称为"失去的十年"的20世纪90年代，与其他各国2%～3.5%的水平相比，日本已超过

6%。不过此后日本的比例急速下降，至2004年已经降到了3.7%，接近欧美各国水平。

日本公共事业经费削减始于2001年4月小泉内阁成立。小泉内阁在其首次制定的预算——2002年度预算中，将公共事业费用削减为上一年度的90%。这是一个艰难的决断，因为10%的削减幅度是史无前例的。

很多公共事业浪费的事例，如地方公路、基本没人用的音乐厅等，都曾引起过世人的强烈指责。我内心的真实想法是，为了让国民将其作为一种象征，意识到明显的改变，无论如何也要让新内阁组阁后第一年度的公共事业经费的削减比率达到两位数。当然，此举遭到了强烈反对，因为公共事业往往与政治家的利益相关，不少政治家就是通过在自己选区内发展公共事业而获得连任的。对这些人来说，削减公共事业建设支出就等于是动摇了他们自身赖以生存的基盘。所以夸张点说，我们遭遇了这些人赌上自己全部政治生涯的抵抗。

但是小泉首相不顾这些反对，在经济财政咨询会议上果断决定将2002年度公共事业经费削减10%。不仅如此，此后每年公共事业经费都将下调3%。而这一决断便产生了图2-3中所示的结果。

有意见称，即使如此，日本公共事业占GDP之比依然很高。但我们也应该注意到另一种意见——不能将日本和欧洲完全进行一对一的比较。欧洲历史上曾经花费200年甚至300年进行公共设施建设，在基础建设方面已经有了很好的底子。欧洲的现代下水道系统在拿破仑时代便已建成，而日本的下水道系统至今还在建设。所以，日本需要进行基础设施建设的观点也是有一定道理的。

此外，日本拥有大量的社会资本存量，维持这些资本存量需要高额的维护费用。所以也有反对意见表示，一旦削减公共事业经费，就无法在需要的地区建设新的公共设施。但是，可供支配的财政资金是有限的，所以要一边进行整体轻量化，一边使用有限的财政资源进行高效的资源配置。

预算编制流程

最后，我想要简单地说明一下预算编制的流程。

自2001年以来，每年6月的《骨太方针》中都会确定政府将要实行的政策内容的大框架，因此，下一年度预算的方向也会在此时确定下来。至于具体的政策内容，则会在此后进行讨论。

在2001年之前，日本政府总是在12月时编制政府预算案，并同时制定政策。换句话说，《骨太方针》制定前，编制预算就等于制定政策。所有的政策都需以某种形式印证预算的内容，所以在编制预算的混乱忙碌中，政府同时还要制定政策。这就是到2000年为止，日本预算的编制方法。

但是，这种做法既不利于充分进行政策讨论，也不够公开透明，所以政府决定先展开政策讨论。从这层意义上来看，《骨太方针》意在将政策议论与给政策执行分配钱的预算审核讨论完全分开。

《骨太方针》制定后，7月的经济财政咨询会议会根据基本方针讨论要制定一个什么样的预算，即"预算的整体蓝图"。在讨论预算的整体蓝图时，必须使财政（预算）和宏观经济相整合，所以政府也会同时就下一年的宏观经济进行预测。这也是2001年起实行的新流程。

此外，在预测下一年度经济的同时，相关人员会对本年度的经济预测进行年中修正。这一流程是在2002—2003年期间形成的，经济预测和年中修正都是新出台的政策措施。

到了8月，概算要求基准获得最终确定并启动。从这一时点起，具体的预算编制开始。也就是说，政府各省厅开始与财务省主计局谈话，这就是"预算要求流程"。对这些要求进行调整后，为了能在12月完成政府预算案，11月将制定"预算编制的基本方针"。

制定这个"预算编制的基本方针"，也是从2001年开始的新流程，很多时候它被称为"小泉改革后新预算编制流程的一个重要特征"。当然，这一评论并没有错。

但对于负责制定该制度的我来说，其实并没有多么重视这个"预算编制的基本方针"。因为将8—11月期间财务省和各省之间进行的交涉汇总起来就是它了，在这一过程中其实不可能出现什么新框架。虽然它在形式上是一个重要的革新，但在政策过程中并没有什么重大的实质意义。在我看来，与其相比，7月制定的"预算的整体蓝图"、"经济预测"和"年中修正"的意义要重大许多。

在12月政府经济预测出台后，我们便可以编制与宏观经济相一致的预算案。首先由财务省制定草案，然后再修改为政府草案。在此期间，各大臣进行"预算磋商"①，政府最终的预算案（政府草案）交由阁议决定。但是，所谓的"预算磋商"内容是由官员②准备的，所以文件中不少内容流于

① 财务省公开的预算草案中，各省厅要求的内容没有被编入或没有被认可时，各省厅可以提出复活要求，就此进行谈判。——译者注
② 在日本，"官员"是指在中央省厅或地方政府机构工作的国家公务员，与此相对，"政治家"是指在选举中由国民投票选出的国会议员，两者有所不同。——译者注

形式。在过去几年中，政府草案几乎都是在12月24日傍晚决定的，所以在平安夜，相关人员终于可以从预算编制的忙碌中解放出来了。

如上所述，自从制定《骨太方针》后，预算编制的流程就变得非常清晰了。而在此之前，一到年末，来自地方的陈情团就会蜂拥至议员会馆，使得这一时期东京的各大酒店均爆满。但现在，这种状况已消失得无影无踪。因为到12月提交预算案时，即使向议员陈情也为时已晚了。早在6月制定的《骨太方针》中，政策就已经定型，人们只是花费接下来的半年时间，有序地展开预算编制。

2001年以后，预算的阁议决定都是在12月24日作出的。从此，财务省主计局的工作人员也能与家人一同迎接圣诞了。如果你有男友或女友在财务省工作，再听到"因为预算编制很忙，所以没办法一起过平安夜"的借口，就要怀疑一下对方说的是不是实话了哦。

在次年1月，政府会以《改革与展望》（后更名为《进路与战略》）的形式，公布更长期的经济预测。1月末，国会例会①召开，审议预算案并争取在年内达成预算。

《骨太方针》这一制度定型后，每逢年末年初之时，财务省周边终于趋于平静了。

---

① 日本国会分国会例会、临时国会和特别国会三种，其中国会通常每年1月开始，定期召开一次。——译者注

第三章

与金融危机战斗

——不良债权与金融再生

闘う経済学
未来をつくる「公共政策論」入門

本章关键词

资产负债表；系统风险（Systemic Risk）；货币供应量；
信用乘数；金融再生计划

不良债权的定义

世界经济论坛（通称"达沃斯论坛"）每年1月末至2月初在瑞士山中小镇达沃斯举行，因各国经济领袖人物齐聚一堂而闻名。但是2002年，它却破例在纽约召开。这是为了带动纽约从前一年的"9·11"恐怖袭击中重新振作起来。

当年，我作为讨论组成员参加了论坛，并在全球各国经济领袖面前发表了如下讲话：

日本必须着手实施的改革，大致分为两类：一类是被动型（Reactive）改革；一类是主动型（Proactive）改革。被动型改革是为了消除所谓的"负资产"，即不得不继承下来的债务，银行不良债权处理即为其中的典型。与之相对的主动型改革，则是为适应新时代而主动推行的改革，小泉首相提出的邮政民营化改革便是其中的典范。

20世纪80年代时，日本的年均经济增长率为4.5%，而90年代却跌至1%左右。日本经济处于"债务积压"（Debt Overhang）的状态，整个经济都陷入停滞状态。

当时，日本整体经济面临着资产重估的重大课题。这是一种什么样的状况呢？让我们单纯以数据举例来看，也许会更清晰。

以某个人的资产负债表为例。假设在1990年时，他从银行贷款5000万日元购买了一处房产。由于泡沫经济崩溃，房产价格跌至2500万日元。此时，在资产负债表上，就会出现2500万日元的资不抵债状况。

同样的道理也适用于企业。假设企业贷款5亿日元建造工厂，当工厂的价值跌至一半，只剩2.5亿日元时，企业的资产负债表上就会出现2.5亿日元的负债。在泡沫经济崩溃时，那些背负着大量借贷的企业会渐渐出现日常资金周转困难，甚至无法进行大胆投资的情况。

而对银行来说，这种状况意味着它对价值只有2500万日元的房产贷出了5000万日元，对价值只有2.5亿日元的工厂贷出了5亿日元。资产负债表就如硬币的正反两面，当企业与个人出现资不抵债（无法偿还贷款）的状况时，对银行来说，这就是不良债权。

一旦不良债权增加，银行发放新的贷款就会变得越来越困难，即使面向有能力偿还贷款的企业放贷，它们也会犹豫不决。同时，银行会加紧向能够偿还债务的企业收回贷款。这也就是说，银行的"滞贷"或"抽贷"会引发社会问题。

资产重估问题

当时日本经济面对的课题，正是资产重估的问题。但20世纪90年代的日本政府在尚未进行资产重估的状况下，就诊断问题在于内需不足，并采取了扩大内需的方针，实施大规模增加政府支出的政策。

扩张性财政政策实施后，日本经济表面上出现过短暂回暖。但无论怎样发展公共事业，都无法实现经济的持续增长，因为最根本的资产重估问题并没有得到解决。结果导致20世纪90年代时，日本经济在仍然受到资产重估问题牵制的情况下，又额外增加了100多兆日元的政府支出，非但没有实现经济复苏，还一味扩大了财政赤字。

2001年成立的小泉内阁终于为这种随意的扩张性财政政策画上了休止符，决定优先处理不良债权问题。我于2002年就任金融担当大臣1个月后，便制定出台了《金融再生计划》。

对不良债权的处理很快遭到了强烈的反对和抨击，原因是背负高额债务的企业担心破产，而银行也害怕自有资本比率在标准值以下的情况会暴露。由于背负高额债务的多为大企业，拥有较强的社会影响力，而有些银行也有牵动政治家或媒体的巨大影响力，以往正是由于这些势力的强烈反对，不良债权的处理被一拖再拖。

不过，也有很多人认识到了处理不良债权的必要性。简单来说，不良债权处理是将无法收回的贷款作为"损失"处理，清整资产负债表。这为企业开辟了一条再生之路，但银行却不得不填补这些无法收回的贷款。由于这部分呆账被记为损失，银行也可能会面临陷入资金不足，甚至资不抵债的危险。

一般企业即使资不抵债，也未必会马上破产，只有当资金链断裂，在票据交换所开出两次拒付票据后，才会被迫停止交易，这时企业才算是"破产"了。

但是银行与之不同，不仅资金链断裂等于破产，即使融资成功，财务状况不良的银行依然无法存活。因为银行建立在信用基础上，进行的是信用交易。而只要是信用交易，资产负债表上就必须有一定的净资产，这是银行存续的根本法则。

目前，一般来说银行必须拥有4%～8%的自有资本，其中国际清算银行（BIS）则必须至少有8%的自有资本。日本对该规定进行了若干修改，要求涉及国际交易业务的银行自有资本比率为8%，只进行国内交易业务的银行为4%。

系统风险

对于日本经济再生事业来说，处理银行的不良债权应是重点解决的首要课题。但当时，银行对不良债权处理的态度并不积极。不仅如此，银行反而对房地产、建筑业、零售业等泡沫经济后利润率进一步下降的产业部门企业追加发放贷款，从而进一步增加了不良债权额。

不过，不良债权问题也不可以完全归咎于银行和企业。早在20世纪90年代初，问题就已初露端倪，但当时媒体重点关注的并不是泡沫经济破裂后的善后问题，而是对外贸易摩擦和日元升值，不良债权处理问题并未引起社会的关注。

之后，人们也没有充分认识到该问题的严重性。例如，某位民间经济学家曾预测1991年的不良债权额将达到59兆日元，但第二年大藏省（现财务省）首次公布的不良债权仅计算了"破产方、滞纳方债权"，所以总额只有

8兆日元。

此后，政府渐渐扩大了不良债权的认定标准范围，1995年追加了"利息减免债权"[1]，1997年又追加了"经营支援方债权"。1998年3月开始，日本采用了美国会计准则[2]，明确了不良债权额为78.7兆日元，但同年民间的推算额却已达到了100兆日元。可见，政府公布的不良债权额总是低于民间的评估，而且模糊的评定标准遮蔽了不良债权问题的实情。不可否认，从结果来看，政府的这种做法阻碍了社会对不良债权问题进行严肃探讨，延误了问题处理时机。

在此期间，北海道拓殖银行于1997年、日本长期信用银行和日本债券信用银行于1998年陆续宣告破产。到1999年，除东京三菱银行外，其他所有大银行均接受了政府注入的公共资金。

每次动用公共资金，总会引发以这种方式使用国民税金是否存在问题的讨论。但在投入公共资金的意义上，社会各界却未必进行过深入的讨论。

问题的真正关键在于，银行支撑着整个社会的结算体系。不仅是企业的支付，连个人支付现在也都是通过银行存款账户进行的。如果银行破产，就等于整个社会的结算机能陷入瘫痪。

例如，如果有传言称某银行濒临破产，引起挤兑，则由于连锁反应，原本正常运营的银行也可能陷入危机，这就是所谓的系统风险。正因为如此，即使动用公共资金，政府也必须保护结算体系。

---

① 银行等债权人，对无力偿还债务的债务人减免贷款利息。这种减免了利息的债权，被称为"利息减免债权"。——译者注
② 由美国证券交易委员会（SEC）认可的会计准则，在日本被称为SEC基准。——译者注

金融即金钱的融通

在这一部分，我们需要回归经济学的基础知识。

究竟什么是"金融"呢？正如字面意思所示，"金融"就是"金钱"的"融通"。因此，金融在经济中的作用被视同于人体中的血液。

金钱、商品和服务的流动，是表里一体的关系。市场中交易的商品和服务的货币价值总和（GDP）越大，金融所发挥的功效也越大。经济景气时，大量的资金被使用，而经济停滞时则相反。反过来说，资金充足时经济活动就变得更为方便，资金短缺时经济活动就会受到局限。因而，我们可以从资金的流动中解读经济。

对很多人来说，收入（赚到的钱）和消费（支出）之间并不平衡。收入大于支出时，人们会将钱存入银行等地方，为将来做储蓄。而另一方面，企业和政府即使没有资金，也会贷款投资。"金融"就是将资金从多余的地方融通到需要的部门。

而介于借方和贷方之间扮演资金流动的中介角色的，就是银行等金融机构。支撑金融运作的法律制度、金融市场和金融机构等以金融为中心的整体环境，即"金融系统"。金融系统是社会的基础设施（结构基石），其核心是布满金融系统内部的"结算体系"和"信用创造"。结算是指通过银行支付与商品或服务等值的金钱，其形式包括支票、现金、外汇等，而整个过程和内容便称为结算体系。

此外，为了避免发生失业、通货膨胀、通货紧缩等会对整个经济产生重大影响的事件，中央银行（日本银行）承担着控制资金总量，即货币供应量（下文将会论述）的重要职能。

金钱有多种多样的形式

那么，金钱（Money）是什么呢？例如，有人问"你有多少钱？"时，我们有时候会回答钱包里的现金总额，有时候会算上银行的存款，有时候也会从银行存款中除去定期存款的金额，只回答可以立刻提现的活期存款金额。

那么，1999年时日本政府向国民发放的地域振兴券[①]、各种卡里积攒的积分，也是钱吗？电子货币、新的金融商品也属于货币的范畴吗？在考虑任何一种东西是否属于货币时，人们是否"相信"这就是货币，是关键所在。简而言之，"货币"至少被赋予了以下三种职能。

第一项职能是价值尺度（Unit of Account）。例如，一个苹果100日元，一本周刊杂志400日元，10分钟的足底按摩1000日元，价值尺度就是将商品和服务的价值用货币进行衡量。根据这个尺度可以推出，一本杂志的经济价值等于4个苹果，10分钟足底按摩的经济价值与10个苹果等同。

第二项职能是交易媒介（Medium of Exchange）。在没有货币的物物交换社会，如果想把商品A卖掉购买B的人和想把B卖掉购买A的人之间无法相遇，交易就无法完成。但是，能与任何商品和服务交换的货币出现后，卖方可以获得货币，买家也可以通过使用货币获得商品和服务。

第三项职能是贮藏手段（Store of Value）。与其他商品和服务不同，货

---

① 1999年时，日本政府为了刺激泡沫经济后多次减税仍低迷不振的民间消费活动、照顾弱势族群，宣布针对符合发放条件的特定族群发放名为"地域振兴券"的消费专用券，每张面额1000日元，每人可领得2万日元，使用期限为半年，自1999年4月1日至9月30日为止。——译者注

币有保存价值的功能。苹果一旦腐烂，就丧失了作为商品的价值，但只要将苹果换成货币，人们就能规避这种风险。当然，当我们获得某些收入时，是选择以货币的方式持有，还是选择以货币以外的方式（房产、土地或股票、黄金等）持有，是一个非常重要的选择。

货币供应量的定义

如果我们将拥有上述三种职能并拥有一定信用的物体称为"货币"，那么货币具体包含哪些东西呢？从结论来说，货币的概念是"相对的"，根据对三种职能的要求的严格程度，货币的定义也可能多种多样。

例如，从作为流通手段可直接利用这层意义上考虑，最方便的是现金，应该有很多人同意将现金归属于货币吧。但在很多情况下，信用卡也可用于直接交易或作为结算手段。由于在这一过程中使用的金额会从存款账户中扣除，因此有不少人认为，现金加存款便等于货币。

在一般的经济议题中提到的货币，往往根据其流动性（是否便于作为支付手段使用），被分为以下7种。但我们必须注意，随着金融产品日趋多样化，对货币进行明确分类也将变得越来越困难。

在此，我们姑且这样区分①。

---

① 此为货币层次的概念。各个符号所包括的内容，由于各国银行业务名称不尽相同，同一名称的业务内容也不尽相同。中国央行的规定是：M0=现金；M1=现金+活期存款（一般不包括官方机构和外国银行在商业银行的存款）；M2=M1+准货币+可转让存单；M3=M2+CD+长于隔夜的限期回购协议和欧洲美元；M4=M3+定期存款+私人部门持有的建房互助协会的股份；L=M3+非银行公众持有的储蓄券+短期国库券+商业票据+银行承兑票据。——译者注

C=现金

M1=现金+存款（活期存款）

M2=现金+存款+准货币（定期存款）

M2+CD=M2+可转让定期存单（CD）[①]

M3=M2+邮政、农协、信用协同组合[②]、劳动金库[③]存款+全国银行的信托存款

M4=M3+CD

广义流动性=M3+CD+附回购协议的债券+金融债券+国债+投资信托+货币信托以外的货币信托[④]+外国债券

那么在研究经济动向时，应当将以上哪些因素作为货币供应量来关注呢？关于这一点，我们应该从统计重要性或是否与名义GDP、通货膨胀等其他经济指标有稳定关系等角度来进行思考。同时我们还需注意，在实际操作中，各国货币供应量的统计口径并不相同。从历史上来看，日本因M2+CD指标使用方便，且与整体经济动向关联性高，一直将其作为"货币供应量"。与日本不同的是，美国因M1能够最为敏感地反映出GDP的动向，所以一直用M1作为货币供应量。不过，美国也出现了向M2、M3转变的动向。简单地说，同样是"货币供应量"，日本和美国分别根据各自的经验进

---

① 指银行发行对持有人偿付具有可转让性质的定期存款凭证。凭证上载有发行的金额及利率，还有偿还日期和方法。——译者注

② 相当于信用合作社，是一种接受存款、资金移动和贷款、发行支票的金融机构，具有非营利性特征。——译者注

③ 工会及其他劳动团体共同组织的金融机关，根据1953年公布的《劳动金库法》规定，以非营利性、直接服务会员为原则。——译者注

④ 一种有别于一般货币信托的日本信托形式，委托人在信托开始时转移给受托人的信托财产是金钱，信托终了时，受托人交付给受益人的是其他形式的财产。——译者注

行定义、采用不同的数据。所以从理论上说，将来两国也可能会使用其他新的标准。

金融政策的基础

在思考金融政策时，一个基本的也是重要的因素是"利息"。

从银行获取贷款必须要支付利息。例如，以3%的年利率贷款100万日元一年，第二年就必须偿还103（100×1.03=103）万日元。利息就是针对借出的本金，贷款方向借款方收取的一定的报酬。

在实际生活中，利率并非只有一种类型，而是有很多种。银行等金融机构的贷款利率和存款利率不同；借贷期限长短不同，利率也不同；还有住房贷款、教育贷款等，根据用途不同，利率也不同。

换个角度考虑，我们可以将利息（利率）看作借贷货币时的"价格"。正如一般的商品和服务的价格由供求决定那样，作为货币价格的利率，也是由价格机制决定的。

人们对货币的需求增加时，利率就会上涨，反之则利率下降。同理，货币供应量增加时，利率下降，反之则利率上涨。换句话说，利率可以作为货币需求的调节阀。

以纵轴表示货币价格——利率，横轴表示货币供应量，则货币需求曲线和货币供给曲线可表示为如图3-1所示。利率越高，想要供应货币的人越多，需要货币的人越少。所以从这张图中我们可以了解到，利率取决于两条曲线的交点。

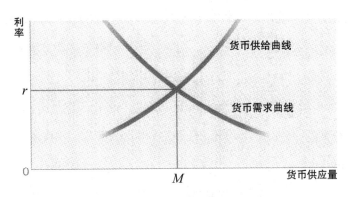

图3-1 货币的供需曲线

用等式表示这种关系，则如下所示。

首先，货币的（实际）供应量可表示为名义货币供给（M）除以物价（P）：

$$\frac{M}{P} \tag{①}$$

另一方面，货币需求量取决于收入和利率，可以表示为：

$$AY^{\alpha}i^{-\beta} \tag{②}$$

其中α为货币需求量的收入弹性，当收入（Y）增加时，货币需求量增加，所以其值显示为正。β为货币需求量的利率弹性，当利率（i）上升时，货币需求量减少，所以其值显示为负。

另外值得一提的是，很多定量分析结果显示，货币需求量的收入弹性（α）略大于1。即收入增加1%，则货币需求量的增长超过1%。

货币需求量的收入弹性值超过1，说明"马歇尔K值"（M/PY）——名义货币供给（M）和名义收入（Y）之比——有逐年增加的趋势。但由于年份和测算时期不同，α的值会发生诸多变化。

另外，货币需求量的利率弹性（β）在20世纪80年代约为0.4，但最近的定量分析计算结果显示约为0.1，显示出随着金融自由化的发展而逐渐减小的趋势，其原因大致是这样的：假如货币供应量一定，当收入上升时，货币需求量增加，则利率随之上涨。金融市场的自由化程度越高，利率的上涨幅度自然也就越大。而利率大幅上涨，就意味着β的值不得不减小。

无论是怎样一种情况，中央银行都可以通过控制货币供应量对利率加以干预。也正因利率对消费和投资等均有影响，宏观经济的管控才可能实现，这就是金融政策的基本作用机制。增加货币供应量、下调利率、刺激经济活动的政策，被称为"货币宽松政策"。反之，控制货币供应量、上调利率、抑制经济活动的政策，被称为"货币紧缩政策"。

信用创造的过程

严格来说，中央银行（日本银行）控制货币供应量这样的说法并不准确，因为央行并不能直接操纵整个货币供给。它可以直接掌控的只是其中的一部分（具体来说是现金和民间金融机构存入央行的存款准备金总和），这部分被称为"高能货币"（High-powered Money）。央行可通过直接操纵高能货币来影响整个货币供给。

央行供应的高能货币，能够通过民间金融机构的融资贷款等信用交易过程创造出成倍放大数量的货币，这种机制被称为"货币创造"或"信用创造"，它的原理如下。

首先，央行向民间金融机构（以下简称银行）提供初始货币（H）。银行根据规定的比例，留下一部分钱（存款准备金R），其余部分用于融资等业务。通过融资以及资金运作创造收益是银行的工作，因为银行必须为支付员工工资和支付存款利率而赚钱。将银行留下的存款准备金的比率称为"存款准备金率"（r），该过程可用下列公式表示：

$$H=C+R$$

$$M=H_0+H_0（1-r）\qquad\qquad\qquad ③$$

假设企业从银行获得融资后，将这部分资金用于工厂建设等设备投资。也就是说，这部分资金被交给了其他企业，而得到资金的企业又把钱再存入银行。于是，银行在除去存款准备金后，再次将剩余部分用于融资，而得到融资的企业又将这部分钱支付给其他公司，同样的过程周而复始。

$$M=H_0+H_0（1-r）+H_0（1-r）^2+\cdots=\frac{H_0}{r}$$

换言之，通过银行信用创造产生的货币总额是以（1/存款准备金率）的倍数在增加的。（1/存款准备金率）被称为信用乘数（或货币乘数，即Money Multiplier），高能货币乘以信用乘数（m），就是货币供应量。

$$M=mH\qquad\qquad\qquad\qquad ④$$

在日本，银行的存款准备金率根据存款种类进行严格区分。例如，高额定期存款的存款准备金率一般在1.2%左右。将这个数字代入公式可以得出，日本的信用乘数约为83。换句话说，日本银行（简称日银）提供的初始货币将增长为原来的83倍。

但是，实际中的信用乘数并没有那么大。至1996年，信用乘数一直约为12倍，但一段时期内跌到了6倍左右，2006年终于恢复到了8倍。

在第一章中我曾提到，实际的财政乘数并不像经济学教科书中描述的那么高，信用乘数也是一样的。

从这层意义上来说，光靠经济学教科书并不能对实际政策起到什么作用。在财政政策中，由于消费倾向以外的其他因素影响了实际财政乘数，使其低于理论值，信用乘数也是如此。

让我再强调一下，日本银行会根据这个信用乘数，操作自身可控制的高能货币，以影响利率，进而实现其整体金融政策目标。

为什么不良债权问题会导致信用乘数下滑

自2001年至2006年约5年半时间内，我作为经济财政政策担当大臣和金融担当大臣，参与了关于金融政策中日银职能和政府（尤其是金融厅①）职能问题的政策讨论。当时有一种逻辑："由于信用乘数下滑，日银控制货币供应量也会力不从心，而信用乘数下滑都是政府的责任！"

更具体来说，这段话的意思是，"不良债权问题导致信用乘数下降，使得日银的金融政策失去了效力"。

但是，为什么不良债权问题会导致信用乘数下滑呢？这是人们争论的关键。

在我目前为止的说明中，一直将"现金和金融机构的存款准备金（R）之和"称为高能货币，但更准确地说，除了银行拥有现金（C_b）外，家庭、企业等银行以外的部门也拥有现金（C_n）。换言之，上文中的公式③需要写成如下的形式：

① 职能类似中国的银监局。——译者注

$$H = C_b + C_n + R$$

另一方面，将非银行部门拥有的现金和存款设为 D，则货币供应量（M）可以表示为：

$$M = C_n + D$$

另外，根据公式④，信用乘数（m）是货币供应量与高能货币之比，所以：

$$M = \frac{M}{H} = \frac{C_n + D}{C_b + C_n + R}$$

在上文中已经提到过，如果 m 的值在6～12的范围内，则从这个等式来看，C_n 的值越大，m 的值就越小。

实际货币供给和信用乘数

从20世纪90年代一项意义深远的研究来看，信用乘数下滑最大的原因是银行以外的现金，即 C_n 增加所造成的结果，也就是存款总额中家庭和企业持有的现金大量增加的结果。个人持有的现金被称为"箱底钱"，而企业手头现金被称为"流动资金"。

为何会出现这种现象呢？这是因为不良债权问题迟迟得不到解决，个人或企业担心会发生金融危机，或担心银行无法发挥职能，所以将很多现金留在手头，导致信用乘数骤跌。

因此，前文中"政府造成信用乘数下滑"的逻辑在一定程度上是正确的。如果不解决不良债权的问题，个人和企业就无法相信银行运营的安全性，信用乘数就无法恢复。无论是信用乘数下滑还是再次回升的原因，都可以用企业流动资金和个人手头资金的增减来说明。为了减少个人和企业手头的现金，必须加强民间部门对银行的信赖感，因此就必须解决不良债权问题。换言之，解决不良债权问题是使金融政策充分发挥作用的基础条件。

基于上述想法，我负责制定了《金融再生计划》。但在弄清不良债权处理怎样进行之前，我们先来简单了解一下实际货币供给和信用乘数的动向。

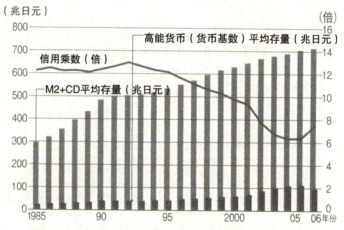

图3-2 M2+CD平均存量、货币基数、信用乘数

资料出处：《日本银行统计》（日本银行）

图3-2是1985年以来，货币供应量、高能货币和信用乘数的变化情况。

从图中我们可以清晰地看到，曾经约为12的信用乘数，在进入20世纪90年代后持续下滑；2000年以后，虽然高能货币总额在增长，但信用乘数还是骤降到了6左右。幸好，2005年信用乘数开始反弹，2006年回升到了8左右。这就是通过处理不良债权，使金融的反常状态终于得到消除的一个重要证据。

理解不良债权问题的几个关键

理解不良债权问题的第一个要点是要知道，它产生的主要原因并非政策问题，而是银行经营不善。如果银行的经营者能认真经营，即认真审查贷款，管理信用风险，也许就可以避免不良债权恶化到现在这个地步了。因为从实际情况可知，有个别银行的确避免了不良债权问题。

当然，我们仍然必须充分验证，在整个20世纪90年代，金融管理到底出现了哪些问题。可以确定的是，不良债权的最主要责任在于信用风险管理不当，即银行经营和监管不当。

目前，不良债权比例已经有所下降，这是好事，但是只要这种造成不良债权产生的监管体制继续存在，相同的问题就可能再次发生。因此，我们必须严格做好银行监管的评价工作。

理解不良债权的另一个注意点是，不能把原因全都归咎于银行。作为银行，"不要放出无法偿还的贷款"无疑是非常重要的原则，但企业和个人偏偏"借了无法偿还的钱"。纠正双方的做法，是金融监管的一大原则。

这也正是解决不良债权问题的本质所在。因为银行的资产负债表和借方企业或个人的资产表就相当于同一枚硬币的正反两面，银行贷出的金额（资产）便是贷款方企业或个人的负债金额。

如果银行贷款的8.4%（1/12多点）变成呆账，就意味着企业或个人有同等金额的负债无法偿还。正因为如此，不良债权处理就意味着资产重估。要解决不良债权问题，就要从银行的资产负债表中消除呆账，对无法回收的贷款进行核销（将无法回收的账款进行销账）。同时还必须清整债务超负荷企业的资产负债表，使企业进行重组。当然，无法重组的企业就只能进行清算了。

因此，处理银行不良债权的同时必然要用到支撑产业部门重组的机制，"产业再生机构"就是专门为此增设的。

当时我虽然清楚这个机构的重要性，但并不确定能否在这样一个时期里成功建立一个新组织。要知道，在行政改革的过程中建立一个新的政府机关并非易事。幸好，小泉首相理解了建立此部门的重要性，随着他的一声令下，2003年（平成15年）4月，"株式会社产业再生机构"宣告成立。

2007年3月，产业再生机构在完成其使命后解散。通常，政府机关一旦成立，就会有股惯性使其一直存在。然而，产业再生机构开始运行时就非常清楚自己是一个有时限的组织，在完成使命后也依照时限关闭了，我认为这正是其成功之所在。

不管怎么说，不良债权问题是与银行、企业双方都有关联的问题。也正因为此，面对不良债权的处理，当初不仅银行，连借方的企业也表示反对，因为企业担心在核销过程中自身会破产然后被清算。但我认为，由于多数情况下实行的并不是清算型破产处理，而是重组型破产处理，所以实际操作中，资产重估是可行的。

《金融再生计划》的几个关键

不良债权处理如果无法得到顺利推进，信用乘数就无法恢复，而这也就会导致金融政策无法有效发挥作用。反过来说，为了恢复信用乘数，使金融政策发挥有效作用，我们必须先处理好不良债权问题。

《金融再生计划》以"解决主要银行不良债权问题，从而促进经济重组"为副标题，其基本思想是恢复民众对日本金融系统和金融管理的信任感，建设一个全球认可的金融市场。因此2004年（平成16年），政府公布了明确的数值目标，要将主要银行的不良债权比率减半。接着，政府根据《金融再生计划》着手处理不良债权问题，将2002年8.4%的不良债权比率降到了2007年时的1.5%。

《金融再生计划》中最重要的一点是构筑了"新金融管理框架"。具体来说，是"严格资产评估"、"充实银行自有资本"、"强化监管"三大块，但其内容几乎都是基本常识。

例如，"严格资产评估"就是重新制定资产评估的标准。对银行来说，贷款是资产，因此要对资产进行严格的评估。换言之，必须严格审查自己发放的贷款（资产）到底有多大的价值。

那么，究竟应该如何进行资产评估呢？答案是以市场价格为标准。资产的市场价格一般用贴现现金流（DCF）估值法来计算，即将资产（贷款）在未来特定时期内产生的收益（预期现金流量）折算成当前现值。

但是只要实际计算过DCF，我们就会发现事实并非如此简单。如何设定贴现率，如何预测将来的经济增长率，如何看待将来的现金流量等，都会直接影响计算结果。

为了能根据市场原则进行准确评估，我负责制定了一个计算贴现率的指导大纲。同时，为了能根据这个指导大纲对银行进行检查，我还将它写入了金融厅的检查指导手册。我觉得，这是《金融再生计划》成功的秘诀所在。

从某些角度来看，《金融再生计划》只是制定了一个能够保证那些理所当然的事被严格执行的体系。它整理和制定了一套严密的战略，防止人们忽视这些"理所当然的事"。

顺便说一下，想出该方法的并非学者，也非评论家和记者，当然，更不是官员或政治家，而是系统学习了经济学和经营学的有志向的实干家。

而制定贴现现金流估值法的指导大纲以及将其写入检查手册等细节方面的战略均未被媒体报道过，也没有在国会获得讨论过，甚至没有评论员提到过这一点。

政策也好，经营也好，要保证大方向正确是毋庸置疑的，但同时也必须有详细的战略，这就是所谓的"战略存在于细节处"。

在强化监管方面，规定：对于大幅偏离健全化计划的银行，政府有权要求其进行业务整改。如果同一家银行连续两到三次接到业务整改的命令，领导者就会被问责。以上内容其实也并非彻头彻尾的改革，而是一些基本问题，我们只不过把这些"理所当然"的内容硬性规定下来而已。

从结果来看，银行为了避免收到业务整改命令，不得不努力加强经营，而在经营得到改善后，不良债权的偿还也就自然得到了改善。

不良债权处理在协助推行金融政策，也就是使信用乘数恢复正常水平方面，确实发挥了有效作用。它的作用当然不仅限于此，但作为经济机制，将信用乘数恢复至正常水平是一个非常重要的使命。

《金融再生计划》的主干

2001年4月我就任经济财政政策担当大臣时，就意识到不良债权问题是绝不能拖延的紧急课题。但小泉政权组阁后的第一年，不良债权处理并没有很大进展。2002年9月30日，我又被命兼任金融担当大臣。当时，我考虑的是采用金融危机时世界通用的基本政策，具体来说，即"严格执行银行资产评估，明确不良债权和自有资本比率。如果银行自有资本不足，那么从防止整个金融系统崩溃的立场出发，政府应公开注入公共资金，同时进行必要的责任追究"。

为了解决不良债权问题，必须同时加强银行资产评估、充实银行自有资本、强化监管。因此而诞生的就是《金融再生计划》（又称《竹中计划》），其主要内容可以概括为以下六点：

（1）为了更严格地进行资产评估，坚决贯彻以市场价格为基准的核算方法（DCF法等）。

（2）统一大额债务者的认定标准（即所谓的"横向串联"）。

（3）公开银行自我评估与金融厅评估之间的差异，健全自身评估系统。

（4）明确表示已准备好在必要时将公共资金投入使用，并探讨增加公共资金的可能性。

（5）修正递延税款借项[①]的登记。

（6）对于未达成经营健全化计划的银行，下达业务整改命令。

为了让相关人士同意这份《金融再生计划》，我一边观察银行的反应，一边与其他政府部门进行协调，担负起说服执政党这个麻烦的任务。终于，《金融再生计划》在2002年10月30日得以公布，此时距离我就任金融担当大臣仅仅1个月。

———————————

① 递延税款借项是资产负债表"资产"栏的最后一个项目，它反映公司期末尚未转销的"递延税款"账户内递延所得税费用的借方余额。——译者注

不良债权问题的教训

作为研究公共政策的本质问题的案例，日本处理不良债权的经验，具有非常重要的意义。自泡沫破灭后，在整个20世纪90年代，日本经济都饱受不良债权问题之苦。尽管如此，政府却始终未能予以解决，结果便是造成了经济长期停滞不前。

该问题在小泉内阁的领导下最终得以解决。这一过程的背景中有多项因素，通过思考这些背景因素，可以为我们考虑今后的公共政策提供借鉴。

首先，让我们再次整理一下从《金融再生计划》公布到它展现出效力的整个过程。

当时，以不良债权额减半为目标的《金融再生计划》一经公布，便遭到了气势汹汹的政策批判，甚至连几天前还在主张尽早处理不良债权的媒体和评论家也竞相加入批评队伍。这些批判与其说是批判政策，不如说是对时任金融担当大臣的我的个人抨击。

为何这个全球普遍采用的政策，在日本会遭受如此境遇？这是一个十分耐人寻味的现象，我认为主要有以下几个原因。

第一个原因是，在日本，政策往往被利用于影响政局。

很多（当然不是全部）政治家并不关心民众想要怎样的政策，他们不关心政策的具体内容，而只关心该政策会带来怎样的政局变化。不良债权处理是对泡沫破灭后10多年来一直无法解决的课题的挑战，从改变传统架构这点来看，它绝对是"高风险、高收益"型的政策。

根据这一点，毫无疑问会有一股强大的政治压力企图威胁内阁的存在。尤其是因为任金融担当大臣的我当时并非国会议员，所以就成了内阁和首相的挡箭牌，对我个人的批评火力非常之猛。

第二，包括很多所谓的经济专家在内，很少有人对政策的具体内容有充分的认识或真正的关心。

近年来，很多学者、评论家出现在媒体上，对各种政策发表点评，但他们中的大多数人并没有在政府内部实际负责政策制定的经验。实际中的政策是相当多的法律行为的累积，若涉及制度设计就将极为复杂，且涉及领域广泛。在前文探讨《金融再生计划》时，我曾提到"战略存在于细节处"，但对于政策中这些细小的要点，大多数民间评论家并没有理解，这导致他们的批评大多较为随性恣意。

第三，大多数媒体仍然将官员作为主要信息来源。

一旦改革的推进激化了新内阁和既得利益者的对立，我们与官员之间的敌对就会攀升。因为官员本来就是既得利益者和"族"议员[1]之间的纽带。因此，内阁与官员的对立一旦激化，必然会导致媒体对政权和个人的批判高涨。当然，有很多记者确实是辛勤工作、心怀理想的，但不可否认的是，他们的消息源（尤其是对政策的消息源）大多来自官员组织。各政府机关里"记者俱乐部"[2]的存在就是很好的证明。

---

[1] 议员从各自代表的集团利益出发，扮演着不同的角色，形成了各种不同的"族"。他们凭借其精通某一特定行政领域或人脉而对政策决定施加影响，为个别省厅或利益集团谋求便利。如商工族、农林族、建设族、厚生族、运输族、文教族等。——译者注

[2] 日本特定新闻机构在首相官邸、省厅、地方自治体、地方公共团体、警察、业界团体等地设置的记者室并具有排他性的组织。未加入记者俱乐部的记者，特别是杂志或是自由撰稿记者，很难开展采访任务。2010年起，一部分政府部门开始实施记者会公开化，不再限制未加入记者俱乐部的记者参与。——译者注

由于以上几个原因，《金融再生计划》遭到了来自各方的严厉批评。具体来说，从2002年10月到次年5月对里索那银行投入公共资金为止，主要有两类不同的批判。

一类批评称该政策过于严苛，将会把经济引导至硬着陆的方向；另一类批评则称该政策软弱无力，无法实现不良债权处理目录。《金融再生计划》遭到了这两种完全对立的批判的夹击。

这也是在理解公共政策的本质时的重要教训。首先，对政策过于严苛的批判声音肯定代表了有不良债权问题的银行和负债企业的心声。这种批评只是企图把90年代以来一直被拖延的不良债权问题继续往后拖，而前文提到的政局派（反对改革派）也参与其中。简单地说，这些人希望维持现状。

与之相反的另一方虽然认识到了改革的必要性，却没有充分理解该政策的细节内容。当然，这其中也包含了一部分因政治立场不同而带来的偏颇。

举个典型的例子。在国会中，在野党声称执政党一手造成了20世纪90年代日本"失去的十年"，其很早就主张制定政策，果断处理不良债权。但当我作为小泉内阁的一员负责着手制定这一政策时，在野党又开始寻找批评执政党的新素材。站在在野党的角度上，我从政治上可以理解他们的批评。最终，他们用政策不够彻底、如此下去无法实现金融正常化来批评我们的政策。

但无论如何，不良债权处理还是在这两种截然相反的批评声音中展开了。随着2003年5月政府向里索那银行注入公共资金后日本股市上扬、经济复苏，批评之声显然也就渐渐消失了。

公共政策的三项启示

处理不良债权的经验对今后公共政策的制定有几个值得借鉴的重要启示。在本章最后，我将就此做一个总结。

第一，在改变政策时，人们往往会追求这样一个目标——"但求无过"，但是从处理不良侵权的例子来看，我们必须抛弃这一目标。

其实做任何事情都一样，要改变现状，就只能承认目前存在问题、否定现状。但对于制定了之前的政策、创造了现状的当事人来说，改变就意味着要承认错误、否定自己。尤其是在日本，政策的主要制定者是采用终身雇佣制的官员组织，所以改革并非易事。因为对他们来说，改革自己负责的领域就等于否定自己。

不良债权问题就是其中的典型。金融厅从20世纪90年代开始多次向银行注入公共资金，并表示这样就能解决不良债权问题。正因为如此，小泉内阁时期日本市场即便再次陷入危机，政府也不得不声称金融部门并无任何问题。这种官方表述和市场实感越是背道而驰，公众对政府的不信任感就越会进一步上升，从而增加金融市场的不稳定程度。

所以作为金融担当大臣，我的根本任务是让官员们抛弃这种"但求无过"的固执观念。为此，就需要改变以往政府部门主导审议会议的传统，在内阁大臣直接领导的小组团队中就政策议题进行深入探讨。

自然地，这种做法再次遭到了人们的批评。但为了让官员们勇于进行自我否定，必须要确定与以往不同的政策讨论方式，这是走向改变必不可少的一步。《金融再生计划》就是由这样一个小组（俗称"竹中小组"）制定的。

第二点启示与"竹中小组"的成员相关。在可能发生金融危机的紧急时刻，为了加速不良债权的处理进程，我们组建了这个小组，但事实上做出贡献的并非金融方面的专家。

当然，在听取意见时我们以金融经济理论方面的专家意见为主，但令人遗憾的是，我们并没有从这些专家口中听到具体有效的政策理论，甚至大多数主流的金融专家在政府部门主导的审议会议上都拥护当前官员主导的政策。正如我在前文中提到的，真正做出建设性贡献的小组成员，都是志向远大、致力于勤勉学习的实干家（金融实务家、法律专家等）和宏观经济学方面的专家。

这一点为目前的学术，特别是社会科学的发展状态，提供了重要的启示。一直以来，有一些严厉的批评声称经济学、政治学等对解决现实问题并非十分有效。对于这样的批评，研究者应该虚心听取。

以原则、原理为基础，严谨地讨论政策发展方向是非常有必要的，但如何在复杂的政治环境和行政工作中实现它，才是我们更需要深入思考和解决的。换言之，我们应该基于实际政策的决定流程展开政策探讨。

第三，我想指出的是，"休克疗法"起到了很好的作用。虽然以往政策决定过程中没有采用过该种手段，但在实施这项政策（不良债权处理）时，它发挥了有效作用。

正如我在前文中所述，"竹中小组"虽然负责制定了处理不良债权的《金融再生计划》，但若要将其付诸实施，就必须得到执政党的批准。议院内阁制规定，政府与执政党必须是一体的，具体来说就是，内阁会议（内阁的最高决策机关）要决定某项政策，必须以执政党的许可为前提。无论再生计划的内容有多完美，若执政党不认可，就无法获得实施。

通常，人们会与执政党协商、事先疏通，然后进一步敲定双方达成的内容。但对于不良债权问题，如果事先进行沟通，显然会被迫进行大幅修改。这样一来它的内容最终很可能会像20世纪90年代的那些政策一样，变成无限期推延（维持现状）的政策。

《金融再生计划》草案拟定后，小泉首相便指示我，不要和执政党事先沟通，而是直接拿到自民党的干部会议上做报告，我觉得这正可谓是一种"休克疗法"。由于自民党对我们的做法进行了激烈抨击，它最终发展成了媒体、民众纷纷参与的重要政策问题。

幸运的是，反对派将焦点集中在了递延税款借项这一点上，其他内容并没有怎么受到关注就得到了执政党的认可。还有一个很重要的原因是，对我们进行严厉抨击的人也同样受到社会各界的密切关注。如果按传统做法将草案拿去事先商议，《金融再生计划》可能早已被迫改得面目全非了。

"休克疗法"这种"声东击西战术"显然发挥了作用。可以说，实施非常规的政策时，非常规的方法发挥了显著效果。

这场金融改革为今后公共政策的制定带来了极其珍贵的启示。

第四章

与失业战斗

——产业与政策

闘う経済学
未来をつくる「公共政策論」入門

本章关键词

劳动边际产量；技术进步率；资本边际产量；收入弹性；政策性金融

为何要推动产业发展

产业发展与经济政策有何关联？本章将讨论这一重要问题。

不论哪个国家、哪个时代，政府都会推出各种旨在促进产业发展的经济政策措施。例如，日本在二战后实施的所谓"倾斜生产方式"[1]。

中村隆英[2]所著的《日本经济》（东京大学出版会）中记载，当时为重振在太平洋战争中严重受损的日本经济，必须增加主要能源——煤炭的产量。因此，日本政府把美国特批进口的重油首先集中投入钢铁业，将增产的钢铁投入煤炭生产领域，又将增产的煤炭投入钢铁制造，如此循环反复。通过这种先将资金与劳动力集中投资在煤炭产业的方式，日本实现了煤炭的增产，在煤炭产能提高到一定水平之后，再依序将煤炭投入电力、海运、肥料等其他的基础产业中，从而实现了全面的生产复兴。

政府究竟是出于什么目的而认为有必要振兴产业的呢？这是因为产业的

---

① 日本政府在1945—1955年二战后经济复兴时期推行的一种政策。——译者注
② 中村隆英（1925—2013）：日本经济学家、东京大学名誉教授，专业研究领域为经济统计学、日本经济学。

振兴可以提高本国国民的生活水平。

那么，为何产业振兴可以提高国民生活水平呢？因为一旦产业发展，就可以增加就业机会，而保证国民就业机会的充足是一件极为重要的事。正如上文中讲述宏观经济运行时已经提到过的，经济政策的终极目的之一，就是确保就业、消除失业。

但是即使就业机会再怎么多，如果薪酬低廉也将成为一个问题。因此，政策制定者希望能提供高薪的就业机会。如果扶植培育高薪产业，这些产业就会产生劳动力需求（就业机会），国民也就能够享受到高薪了。

另一方面，即使政府培育出高薪产业并生成了劳动力需求，但如果没有与之相匹配的劳动力供给，则也会毫无意义。也就是说，存在与高薪产业相匹配的劳动力供给，也是很重要的一件事。为此，政府必须同时进行教育投资。这意味着，培养高薪产业与教育投资恰如硬币的两面。

那么，政府要如何才能实现培育高薪产业，使国民实际工资获得提高呢？在回答这个问题的时候，经济学的思考方法是相当有助益的。

实际工资等于劳动边际产量

首先我们要考虑的问题是，工资由什么决定？经济学的基本主张是："实际工资由劳动边际产量决定"。以下进行简单的说明。

假设企业通过增加劳动（L）来增加生产（Y），以提高收入。企业必须向劳动者支付名义工资（W），所以这是企业的成本。将劳动增加的单位量设为 ΔL，则增加一个单位的劳动，将带来 $\Delta L \times W$ 的成本增加。

同时，企业的收入是产量与价格（P）的乘积，所以生产量每增加一个单位，将带来 $\Delta Y \times P$ 的收入增加。

当然，只要企业的成本没有超过收入，企业便会尽可能地增加劳动，以提高产量。但是每增加一个单位的劳动，随之实现的收入增加将越来越少。最后，企业的收入与成本将趋向于持平。即：

$$P \times \Delta Y = W \times \Delta L$$

变形可得：

$$\frac{\Delta Y}{\Delta L} = \frac{W}{P} \qquad\qquad ①$$

我们将 $\frac{\Delta Y}{\Delta L}$ 称为"劳动边际产量"，它表示每增加一个单位劳动所带来的产量增加。由以上等式可知，实际工资（$\frac{W}{P}$）与劳动边际产量（$\frac{\Delta Y}{\Delta L}$）相等。

如何推动工资增长

经济学还主张，产量（Y）的增加是依靠投入生产要素实现的，投入的生产要素越多，产量增加的也就越多。生产要素包括资本（K）和劳动（L），可以用以下公式②表示。其中 A（综合技术水平）为常数项，α 为资本产出的弹性系数，β 为劳动力产出的弹性系数。

$$Y = AK^{\alpha}L^{\beta} \qquad\qquad ②$$

该公式以创造它的经济学家命名，被称为"柯布—道格拉斯生产函数"。

该公式可变形为公式③，左边的 $\frac{\Delta Y}{\Delta L}$ 即为劳动边际产量。

$$\frac{\Delta Y}{\Delta L}=\beta AK^{\alpha}L^{\beta-1}=A'\left(\frac{K}{L}\right)^{\alpha} \qquad ③$$

从公式③我们可以知道应该如何推动工资增长。

由于"名义工资（W）由劳动边际产量（$\frac{\Delta Y}{\Delta L}$）决定"，要提高工资（$W$），就要提高$\frac{\Delta Y}{\Delta L}$，也就是提高公式③等号右边的项。

要怎么做呢？提高$\frac{K}{L}$即可。$\frac{K}{L}$表示的是每个劳动力的平均资本，称为"资本—劳动比"。资本—劳动比越高，工资也就越高。这个道理乍看之下似乎理所当然，但要实现这点，还需要进行资本积累，以用于设备投资。

实际上，以日本为代表的很多国家为了发展产业，都在增加设备投资方面推行了税制与金融相关的各种政策倾斜，这些政策的出发点正是为了提高相应产业的资本—劳动比。

另外，提高A也能提高工资。我们从公式②可知，A是产量（Y）与资本（K）和劳动（L）投入之比，也被称为"全要素生产率"（Total Factor Productivity）。全要素生产率的迅速上升，通常意味着"技术进步率"很高。

概言之，为实现工资增长，需要提高技术进步率或大力发展技术进步率高的产业。

二战后，日本的经济一开始以发展日用品和纤维制品制造等轻工业为主，之后才转向钢铁、汽车制造等技术进步率高的产业，也就是附加值比率高的产业。这种做法提高了日本的一般工资水平。

现如今，我们可以预见日本将把重心转向那些运用金融工程知识的新型金融产业和信息产业，这些产业都以工资高而闻名。

无论何时都依据经济学的基础理论来整理思路，在制定政策时相当重要。

提高全要素生产率与向高附加值产业转移固然很重要，但作为前提条件，目标产业必须具备比较优势[①]，这一点想必是不言而喻的。从这层意义上来说，政府即使强行发展并不具备比较优势的产业，也是难以实现既定目标的。政府必须调查并分析本国的资源状况、竞争对手国家的情况等各方面因素，再最终判断得出将来哪个产业能够成为主导产业。

有些产业现阶段还不具备竞争力，但是只要条件具备，就能够成为具有竞争力的产业，对这种产业进行保护的主张被称为"幼稚产业（Infant Industry）保护论"。保护并扶植幼稚产业的确很重要，但问题是国家与政府是否具备此种能力呢？在专家中，也有很多人对此持强烈的反对意见。

如何增加设备投资

回到设备投资的问题。让我们根据经济学的思考方式，整理一下要大力增加设备投资必须做哪些工作。

如前文所述，企业会增加资本（K）投入以增加产量（Y），从而实现增加收入的目的。

[①] 根据大卫·李嘉图提出的比较成本贸易理论（后人称之为"比较优势贸易理论"），国际贸易的基础是生产技术的相对差别（而非绝对差别），以及由此产生的相对成本的差别。每个国家都应根据"两利相权取其重，两弊相权取其轻"的原则，集中生产并出口其具有"比较优势"的产品，进口其具有"比较劣势"的产品。——译者注

若将资本的单位增加量设为 ΔK，资本成本为 C，则资本每增加一个单位，企业成本便会相应增加 $\Delta K \times C$。企业收入等于产量与价格（P）的乘积，所以产量每增加一个单位，就会带来 $\Delta Y \times P$ 的收入增加。和前文所说的相同，企业将不断增产，直到收入与成本持平。即：

$$P \times \Delta Y = C \times \Delta K$$

变形可得：

$$\frac{\Delta Y}{\Delta K} = \frac{C}{P} \qquad\qquad ④$$

这里的 $\frac{\Delta Y}{\Delta K}$ 即"资本边际产量"，表示每增加一个单位的资本所带来的生产增加值。可以看出，"资本的实际成本"（$\frac{C}{P}$）与资本边际产量（$\frac{\Delta Y}{\Delta K}$）相等。

问题在于资本成本（C）。所谓资本成本究竟是什么呢？我们可以很容易地理解劳动的成本就是工资，但资本的成本是什么就有些难以理解了。

一般来说，资本成本是指进行设备投资的过程中，运作资本所需要的总成本。例如，建造工厂、安装机械等总的成本。

具体来说，除了生产资料的价格（P_k）外，我们还必须乘上利率（r）与损耗率（δ）。为了购买生产资料，企业可能会需要借贷资金，这就会产生利率。（即使不贷款，企业也会失去将这笔资金运用于其他方面而带来的收益，即产生一种隐性成本。）而且，生产资料并不能无限期地使用下去，它有诸如10年或20年的使用期限，因此会产生贬值，这一部分（资本损耗率）也必须计入成本。综上所述，资本成本如下：

$$P_k\,(r+\delta) \qquad\qquad ⑤$$

但是现实情况更为复杂，还必须减去以下这些要素。

首先，要减去设备投资的投资税收抵免（Investment Tax Credit，简称ITC）。例如，相关制度规定，投资100万日元，就可以以税金抵免一定比例（假设是一成）的投资额。

所以，如果投资能获得税收抵免（k），则只要企业产生利润，就等同于收获了补助金。

另外，资产贬值（Z）应计入损耗，并须从所得中扣除，因此就节约了这一部分金额乘以法人税率（τ）的税。

另一方面，对于收入增加的部分，也要考虑税的问题。增收的部分为：

$$(1-\tau)\frac{\Delta Y}{\Delta K}$$

所以我们可以把公式⑤改写为：

$$P_k(r+\delta)(1-k-\tau Z) \qquad ⑥$$

将公式⑥代入公式④可得：

$$\frac{\Delta Y}{\Delta K}=\frac{P_k}{P}\cdot\frac{(r+\delta)(1-k-\tau Z)}{1-\tau} \qquad ⑦$$

从公式⑦中，我们即可看出增加投资的方法。

首先，利率（r）越低越好。因为在其他数值不变的情况下，r越小，分子越小，等号右边的值就越小。其次，投资税收抵免（k）越大越好。最后，在通常情况下，税率（τ）也越低越好。

国际收支的制约

在思考产业政策时，还有一个问题很重要。

这也是让很多国家的执政者颇感烦恼的问题，日本在高度成长时代直接面临的问题是：为了促进经济发展，必须开展积极的投资，但是投资又需要从外国购入很多的资源，这就是"进口"的问题。

对处于经济发展初期阶段的国家来说，进口可以壮大国内产业，构筑长期经济发展的基础。但是进口需要外汇，为了获得外汇又需要依靠出口。如果出口没有得到充分的发展，国家就将直接面临无法获得足够外汇的国际收支方面的制约。

在发展产业的时候，应该如何解决国际收支的制约问题呢？在此，我们将立足于经济学的基本方法进行探讨。

我们可以认为，"日本的出口=外国的进口"，所以日本的出口（EX）由境外所得（Y_w）与出口价格（P_e）决定。

$$EX = AY_w^{\alpha} \cdot P_e^{\alpha'}$$

式中，α为出口的收入弹性，表示境外收入每增加1%，日本的出口将增加α%；α'为出口的价格弹性，与价格成反比。

出口价格由国内价格与汇率决定，但为了简便计算，在此以P_e表示总的出口价格。

同样的道理，日本的进口（IM）由日本的收入（Y_j）与进口价格（P_j）决定。

$$IM = BY_j^{\beta} \cdot P_j^{\beta'}$$

在这里，β为进口的收入弹性，表示日本的收入每增加1%，日本的进口将增加β%；β'为进口的价格弹性，与价格成反比。

我们暂且忽略国内价格与汇率波动，既要确保日本的收入增长率

$(\frac{\Delta Y_j}{Y_j})$ 高于境外所得的增长率（$\frac{\Delta Y_w}{Y_w}$），即保持经济高度增长，又要避免外汇管制。在这种情况下，要确保进出口平衡，需要满足哪些条件呢？

日本的出口增长等于境外收入的增长率乘以出口的收入弹性α。即：

$$\alpha \cdot \frac{\Delta Y_w}{Y_w}$$

同样地，进口的增长等于日本收入的增长率乘以进口的收入弹性β。不受外汇管制的最低条件为进口增长与出口增长相等，即：

$$\alpha \cdot \frac{\Delta Y_w}{Y_w} = \beta \cdot \frac{\Delta Y_j}{Y_j}$$

为了确保日本的增长率高于世界的增长率，需要满足：

$$\frac{\Delta Y_j}{Y_j} > \frac{\Delta Y_w}{Y_w}$$

则必须保证：

$$\alpha > \beta$$

从中可以得出一个简单但重要的道理，即出口的收入弹性（α）必须大于进口的收入弹性（β）。这样才能确保不受外汇管制的制约，让日本的经济增长得更快。

这意味着什么呢？这说明，只需增加收入弹性高的产业的出口即可。

在收入弹性低的产业中，基础农作物可以算是一个很容易理解的例子。即使收入翻倍，人的食物需求量也不一定就会翻倍，因此大米的消费量不一定就会随着收入翻倍而出现翻倍。

而在收入弹性高的产业中，旅游业或嗜好品则是我们很容易理解的例子。收入翻倍后，人们对这些产品的需求很可能也会翻倍。概言之，培养收入弹性高的产业作为出口产业（暂且不论是否能实现），在规避国际收支的制约方面存在一定的意义。

二战后的日本经济正是这样成长起来的，从日用品到纤维制品、钢铁、电机、汽车，逐渐将出口转向收入弹性高的产业，终于克服了国际收支的制约问题。

沿这一点进一步考虑可知，我们今后必须壮大金融、旅游业等收入弹性高的产业。但是正如众所周知的那样，20世纪90年代之后的日本处在经济停滞中，未能顺利实现产业结构的升级。当前该如何改变这一状况，无疑值得我们思考。

对日本产业政策进行数据分析

综上所述，以下四个要素能推动产业发展。（当然，这是从产业发展的观点出发论述的，在现实中，还必须切实考虑它们与其他政策目标的相互作用。）

（1）尽量保持低利率。

（2）增加投资税收抵免的幅度。

（3）将税率控制在低水平。

（4）大力扶植收入弹性高的产业。

那么，日本具体施行了怎样的政策呢？下面我们将通过数据来进行分析。

关于（1）中的利率：

在现实情况中，各国的利率体系有所不同，很难进行国与国之间的比较。图4-1是对1980年以来日、美、英、德等四国短期利率和长期利率的比较。可以看出，日本的利率水平原本就偏低，最近则进一步降低了。

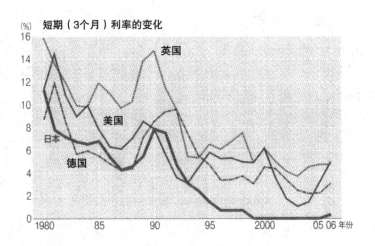

短期（3个月）利率的变化

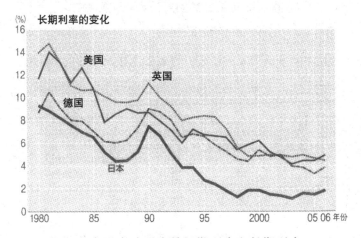

长期利率的变化

图4-1 主要发达国家的短期利率和长期利率

资料出处：《国际金融统计》（IMF）

关于（2）中的投资税收抵免：

日本基本没有施行过投资税收抵免政策。虽然在信息技术设备方面实行了投资税收抵免，但是从宏观来看，抵免的比例不到1%。与此相对的是，美国有一段时期甚至实行过10%的投资税收抵免。由此可见，日本与世界各国相比，投资税收抵免偏低。

关于（3）的公司法人税率：

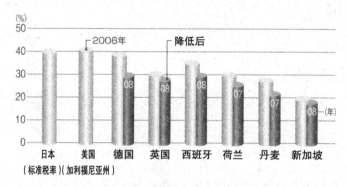

图4-2 主要发达国家法人税实际税率

资料出处：日本财务省的资料等

图4-2为主要发达国家的法人有效税率比较，从中可知，日本的法人有效税率处于相当高的水平，虽然政府的税制调查会也在商讨是否要下调有效税率，但欧美各国早已进入了讨论是否要进一步下调法人有效税率的阶段。考虑到亚洲各国的法人有效税率更低，如果日本保持现状，则在世界范围内，日本将属于税率相当高的一部分国家。

关于（4）的产业扶植：

比较日、美两国与"产业"相关的预算，2006年度日本经济产业省的相关预算约为1.7兆日元，其中约有1/3（0.6兆日元）与创建型产业相关。而以当时的汇率计算，美国2005财年商务部与美国贸易代表办公室（USTR）、中小企业局、能源局的预算合计约为1.5兆日元，其中能源局占比将近一半。由此可以推测出，与产业相关的部分约为0.7兆日元（来自日本经济研究中心的分析）。

换言之，在产业振兴方面日本的投入为0.6兆日元，美国为0.7兆日元。日本的GDP约为美国的1/2，但投入的预算额却基本相当。所以从GDP占比角度分析，日本的经济产业省在产业扶植方面投入的金额约是美国的两倍。

因此在（1）与（4）方面，日本实施了相当有利于产业培育的政策，但在（2）与（3）方面却并不足够。

从产业扶植的角度来看，政府应该大力推行降低税率的政策，但是在现实中，日本的法人有效税率却久居高位；另一方面，产业扶植占去了政府财政预算相当大的一部分。政府实施的是多征税、多支出的政策设计。所以仅就产业方面来看，日本政府是以"大政府"的形象出现的。

日本的政策性金融

在产业方面，除了高预算外，日本与其他国家相比还有一个独具特色的地方，即政府经常运用所谓的政策性金融手段。

政策性金融是指政府金融机构所进行的融资。由于仅仅凭借民间银行的融资往往难以实现政策性目的，政府设立了金融机构，对特别项目提供低利率、长期限的融资贷款。

曾与我们的生活最息息相关的政策性金融是"日本住宅金融金库"，该机构以低于民间银行的固定利率提供长期房贷。但是在小泉内阁执政时期，政府秉持"民间能做的事情就由民间来做"的原则，决定中止住宅金融金库的融资业务。此后，民间的金融机构也开始提供低利率、长期限的住房贷款，更多的金融机构陆续参与进来。从中可以看出，所谓"民间不进行，所以政府来做"表面上说得冠冕堂皇，但实际上却是因为政府在做，将民间机构逐出了大门，所以民间才不做。

2007年4月，住宅金融公库转型为独立行政法人性质的住宅金融支援机构。

2001年小泉内阁成立之时，日本的政府金融机构多达9家。除上述的住宅金融机构外，还有日本政策投资银行、国际协力银行、中小企业金融金库、国民生活金融公库、商工组合中央金库（商工中金）、农林渔业金融公库、冲绳振兴开发金融公库和公营企业金融公库。其他国家虽然也存在政策性金融机构，但大多不过一两家而已，考虑到日本的此类机构数量实在过于庞大，经过内阁商讨后，小泉首相决定将日本政策投资银行与商工中金改为民营，其他的政策性金融机构则合并为一家。

该决定在当时受到了众多政治家与官员的强烈反对。政策性金融机构一直被官员视为卸任后养老的好去处，所以这些人自发地抱成了一团，特别是政策投资银行与国际协力银行曾一度作为财务省次官卸任后最高级别的去处，因此该改革对于财务省来说实属触及痛处。

表4-1是这一攻防战正在激烈进行的2002年夏天，经济财政咨问会议上所提交的材料。虽然是2000年的数据，但从中可以明确较为重要的一点。

就政策性金融的规模占名义GDP的比率来看，美国与英国为5%，法国为8%，德国在欧洲地区处于较高水平，为16%，但除去间接融资后，直接融资的占比仅为6.8%。另一方面，日本的政策金融占GDP的比重为19%，非常之高，如果再包含面向中小企业的信用担保，则可达到27%。

表4-1 主要发达国家的政策性金融（除住房）规模

	美国	英国	德国	法国	日本
政策性金融规模	5300亿美元	541亿英镑	3388亿欧元	1234亿欧元	98.3兆日元
（占名义GDP之比）	5.4%	5.7%	16.7%	8.7%	19.1%
含中小企业信用担保后的总额	5640亿美元	545亿英镑	3437亿欧元	1285亿欧元	139.7兆日元
（占名义GDP之比）	5.7%	5.8%	17.0%	9.1%	27.2%

注：①德国的直接融资部分占GDP之比为6.8%。②表格统计对象为中央政府参与的授信行为（均不含个人住宅贷款）。德国数据包含了被划归为特殊银行（政策金融机关）的州级金融机构。英国为截至2000年3月末的数据，而其中中小企业信用担保为2001年3月末数据，日本为截至2000年末的数据。其他国家均截至2000年末。③对中小企业的信用担保，美国与英国由国家进行，法国则由政策性金融机构进行。德国、日本由信用担保机构或协会担保后，国家或地方根据一定的比例进行再担保。（日本信用保险制度的最低填补率为70%。）

资料出处：日本财务省的资料等

"牛铃效应"

但是也有人认为，从另一种不同的经济学角度来看，政策性金融确实发挥了一定的作用。这就是"牛铃效应"。如以往的美国西部电影里牛仔带领牛群横穿美国大陆之时，会在头牛的颈部系上牛铃以引导其他牛跟随那样，这就是"牛铃"的作用。

"牛铃效应"这一概念是在研究美国金融市场中私募债的募集问题时被提出的，这是一种依据金融理论得出的思维模式，指的是信息的外部经济效应。

例如，在发行私募的公司债时，各金融机构大多会对该债券的可信度心存疑虑，不知是否该购入。但是，倘若英国保诚[①]这类具备强大信用调查

---

① 英国保诚集团创立于1848年，业务以人寿保险为主，1890年初成为英国最大的人寿保险公司，至今仍傲居榜首。目前，其服务网已经遍及全球。——译者注

能力的大型保险公司决定购买，这一行为就会像"牛铃"声那般，让其他的金融机构认为"保诚都买了，肯定没问题吧"而放心购买。这就是"牛铃效应"。

"牛铃效应"也适用于日本的政策性金融领域。相较于民间的金融机构，日本政策投资银行等机构至少在投资的初期阶段具备更高的审查能力。不过与其说是审查能力，不如说是融资方为了拿到国家的钱，不得不提交各种详细的财务报表。因此这些机构能获得较完备的信息，也使得信用分析可以做得很充分。

不论是基于上述哪种原因，从1955年到1975年前后，有相当多的民间金融机构获得了日本开发银行（现日本政策投资银行）的融资，它们获得融资的条件都是先通过日本开发银行的审查。

不妨举个例子来说明，在建造日本东京池袋的超高层建筑太阳城（Sunshine City）时，人们虽然难以判断该项目实施的难度，但是听说它已获得了日本开发银行的注资，市场马上认为"即使该项目受阻，国家也不会坐视不管"，信息的外部经济效应得到了充分的体现。从这一层面来说，政策性金融机构具备了"牛铃效应"的作用。

但是我们也不能否认，从结果来看，日本的政策性金融机构变得越来越臃肿。因此，在处理了不良债权和民间银行机构正常化之后，2005年年末，日本政府又决定推行政策性金融改革。

第五章

与官员战斗

——地方财政改革

闘う経済学
未来をつくる「公共政策論」入門

本章关键词

地方分权；受益与负担；三位一体改革；《地方分权总括法》

为何眼下正当"地方分权"之时

地方财政改革是一件棘手的事情。在地方财政领域，经济学的原理虽然也起作用，但因为制度极其复杂，它的现实情况很难被人们理解。

以我的亲身体会而言，尽管我在大学毕业后从事了30年的经济学和经济政策研究，但有很多事情是直到我担任总务大臣、负责地方财政后才领悟到的。

回顾过去，人们对地方财政虽然一直以来发表了各种各样的观点，但真正了解其制度的人却寥寥无几。因此对于今后有志于研究地方分权的人来说，如今可谓是恰逢良机。从这种对人才的渴求可知，对地方财政有所了解的人有多么缺乏，也可知这个领域充斥着多么复杂难解的制度。

言归正传。二战以后的日本以"国土均衡发展"为目标，采取的是由中央政府领导地方的格局。然而从20世纪70年代以来，几乎以每10年为一个周期就会出现"地方分权"呼声高涨的现象。在2001年小泉内阁成立的时候，为了遵照"地方力所能及之事就在地方进行"，推行了一系列改革。

实际上，对于"必须促进地方自立"这一观点，几乎所有人都持赞同态度，没有人会立场鲜明地反对"地方分权"，可以说，所有人对于地方分权都持原则上赞成的观点。在这个问题上，"抽象肯定"的做法被表现得淋漓尽致。

我们知道，与"地方分权"相对应的词是"中央集权"，为什么大家都不要中央集权而要地方分权呢？认为必须实行地方分权的逻辑依据又是什么呢？

我曾在公共政策这门课的课堂上提问学生："为什么你们赞成地方分权？"有一个学生是这么回答的："霞关①位处东京，以中央集权的角度看地方，是看不到具体情况的。如果实行地方分权，就一定能够做到更为细致的行政服务。因此，我更期待地方分权。"

这无疑是正确的回答。但下一个问题是——既然如此，为什么日本从明治时代开始一直没有采取地方分权的体制呢？

这个问题的答案也显而易见。直到某个时期以前，日本社会长期缺乏保障国民富足生活所必需的各种资源。《日本国宪法》第25条规定："全体国民都享有健康和文化的最低限度的生活的权利。"为了确保全体日本人都能平等地过上健康而有文化的、有一定水准的生活，就要求中央集中管理各种资源，在日本国内提供同样水平的行政服务。

例如，此前邮政为何必须由国家来负责经营？

现在，大和运输、佐川急便等民营企业已经构筑起了与国家邮政相同的

① 东京都千代田区南部的中央机关街区。集中了最高法院、外务省、大藏省等各省厅，与永田町同为日本政治、行政中心。通常被用来指代日本中央政府。——译者注

配送系统，但在明治时期，社会整体的资本积累非常匮乏，没有一家民营企业有能力提供覆盖全国范围的配送服务。因此，配送服务就必须要政府以中央集权的方式来提供了。

国有铁路也是如此，其必须由国家向地方投资，进行全国铁路网基础设施建设，并提供全国统一的运输服务；行政服务的情况也相同——即使有人心存疑虑，但如果地方并不具备提供行政服务所需的资源，那么由中央（霞关）集约决策，并统一向地方提供资源，不仅成本更低，也能获得规模化效益。

受益与负担的逻辑

过去在社会整体资源积累水平低下的情况下，由国家集中管理资源、向地方分配资源的方式，绝非毫无意义。然而随着资源积累水平的提升，所有地方都能获得充足的资源，集中管理的弊端就日益凸显出来了。

典型的弊端就是中央政府无法提供细致入微的服务。日本人的生活水平提高了，因此民众所需求的也不再是整齐划一的服务，而是结合地域实际情况的、更为细致入微的服务。这正是推动地方分权改革的巨大驱动力。

"细致入微"这个词从经济上看，有两方面的意义：一方面是指提供良好的服务；另一方面则是指在服务时怀有责任心，在这一点上，"地方分权"与"民营化"有相通之处，因为两者的原则都是"相信一线、交给一线"。信赖一线，把一线能做的事情委托给一线来做，才称得上是真正的地方分权，称得上是民营化。

在此，我想介绍一件自己亲身经历过的事。

10多年前，我曾在美国生活了相当长的一段时间。当时，我的女儿在华盛顿郊区的一家公立中学上学。一天，我收到了学校和当地自治团体寄给家长们的信，内容大致如下：

近期本郡财政预算吃紧，因此不得不对学校的外语选修科目进行削减。目前本校共有法语、德语、日语、西班牙语等四国语言可供选修，但由于财政预算的原因，我们不得不减少两门外语选修科目。如果您反对削减科目，希望您设法呼吁政府增加教育税。

也就是说，如果要让政府继续像以前那样提供大量的行政服务，就必须要增税；如果反对增税，就必须忍受行政服务水平的降低。我相信从逻辑上来讲，这种现象是非常容易被人们理解的，而这也是地方分权的基本逻辑。

思考地方财政问题时，最关键的一点在于明确受益与负担的关系。谁都想要获得良好的服务，这叫作"受益"。然而，服务的费用却必须由某些人来"负担"。如果想要增加受益，那么就得增加负担。反之，如果想减轻负担，那么受益也要相应地削减。如果不能贯彻这一天经地义的原则，那么政府财政支出将肆无忌惮地扩张。遗憾的是，如今的日本正面临着这样的危险。当前最重要的是建立起一套受益者和负担者一致、有责任地进行选择的制度体系。如果有别人能替自己买单，那么毫无疑问，谁都会觉得受益越多越好。

中央与地方的财政情况

表5-1展示的是中央政府的一般会计[①]情况和地方政府的普通会计[②]情况。

表5-1 中央与地方会计统计情况

（a）中央政府一般会计统计情况　　（单位：兆日元）

			2005年度	2006年度
年支出			86.7	79.7
	一般支出		48.5	46.4
		社会保障类	20.8	20.6
		公共事业类	8.0	7.2
		其他	19.7	18.6
	地方交付税等		17.4	14.6
	国债费用		19.6	18.8
	NTT事业偿还补助		1.1	—
年收入			86.7	79.7
	税收		47.0	45.9
	其他收入		6.2	3.8
	公债收入		33.5	30.0

---

① 中央政府和地方公共团体教育、福利、消防等基本行政运营经费的收入与支出情况。——译者注

② 由于地方自治法对"一般会计"并无明确定义，所以每个地方自治体一般会计所包含的预算内容各有不同，无法比较。因此，这里将"公营事业会计之外的会计综合起来定义为普通会计，以使地方自治体之间可以进行横向比较。——译者注

（b）地方政府普通会计统计情况　　（单位：兆日元）

		2005年度	2006年度
年支出		95.2	93.6
	一般支出	77.9	77.6
年收入		95.2	93.6
	地方税收	34.7	35.8
	地方交付税等	18.5	16.7
	国库支出金	11.2	10.3
	地方债收入	12.3	10.8

数据来源：日本总务省等

2006年度，日本中央政府支出为79.7兆日元，但这并不全是被中央直接使用掉的。政府支出中的"地方交付税等"（14.6兆日元）是拨给地方政府的，例如拨给北海道、和歌山县等地的地方自治体，并在当地使用。也就是说，这笔钱虽然是从中央的一般会计中支出的项目，但并非中央政府直接支出的款项。这就是众所周知的"地方交付税"[①]制度。

中央政府不直接支出的另一项资金是"地方普通会计"的政府收入中的"国库支出金"。这是中央为"补助"地方而转移过去的资金。顺便提一下，2006年度的"国库支出金"为10.3兆日元。

也就是说，虽然中央政府支出为79.7兆日元，但除去"地方交付税等"（14.6兆日元）和"国库支出金"（10.3兆日元），实际使用的只有54.8兆

---

① 地方交付税不是一种税收，而是依据1954年制定的《地方交付税法》，由中央政府在个人所得税、公司所得税、酒税、增值税和烟税5种国家税收的基础上，按照一定的比例和系数加成后形成的财政基金，并按照一定的标准在全国各地方政府间进行分配，属于无条件转移支付，其目的是为了增加经济欠发达地区地方政府的财政支出能力，保证经济发展水平较低的地方政府也能够按照全国统一标准提供基本公共服务。——译者注

日元。而另一方面，地方的政府支出金额则高达93.6兆日元。

那么，在政府收入方面又是怎样的情况呢？政府的主要收入是税收，国民向中央政府缴纳的税叫"国税"，向地方政府缴纳的税叫"地税"。依据目前日本的税制，所得税和法人税为国税，住民税为地税；消费税的80%为国税，20%为地税。2006年度，日本的国税收入为45.9兆日元，地税为35.8兆日元。顺便提一下，政府支出与政府收入无法抵消的部分为借款，也就是所谓的财政赤字。

以上就是目前日本中央及地方财政的情况，非常简单但是很重要。它说明，我们所上缴的所得税、住民税、法人税以及消费税等种种名目的税金，其中大约有60%上缴给了中央，40%上缴给了地方。

然而详细调查实际使用税金的行政服务机构就会发现，其中60%的服务是由地方政府实施的，中央政府实施的行政服务不过40%。即使是在公共事业方面，相当一部分行政服务也是由地方政府实施的。换言之，日本目前的财政结构是：地方使用了政府支出的60%以上，税收却只有40%多；而中央获得了将近60%的税收，支出却仅占不到40%。

如果换用"受益与负担"的说法，也就是说目前日本的财政结构是，人们负担的税收主要交给中央政府，却从地方政府获益。所以，负担与受益并不一致。

要提供细致入微且高效率的行政服务，负担与受益就必须相一致。对于必要的服务，人们应该负担税金；而对于不必要的服务，则分文不予。只有当负担与受益相一致时，人们才能够正确判断某一项服务是否是真正有必要的行政服务。反过来说，让负担与受益相一致，也是在推进地方分权改革。

"三位一体改革"的构想

"受益与负担不一致"的现象说明了什么问题呢？这正说明了中央在向地方转移资金。

中央向地方转移资金的形式有"地方交付税"和"辅助金"两种形式，负责这些资金的中央政府部门官员们手里掌握着极大的权力。由于这一领域的受益与负担不一致的问题逐渐暴露出来，民众的不满情绪不断高涨。

于是，要求进一步推动地方分权，把地方力所能及的事情交给地方来做的呼声也日渐高涨，其中一个具体的表现就是"三位一体改革"构想的提出。

所谓的"三位一体改革"，简单来说就是如下这么一回事。先削减中央拨给地方的辅助金，将相应额度的税源移交给地方。然后移交税源，具体来说就是将国税变为地税。也就是说，人们把原本交给中央的税直接交给地方。

然而这样一来，地方与地方之间就会出现参差不齐的现象，因为有的地方税收多，有的地方税收则要少一些。可以预见，在大型企业云集的东京，税收自然会滚滚而来；而企业数量少的地方则显然很难获得大量的税收。所以，为保证全体国民都能继续获得一定程度的财政服务，还必须变革地方交付税制度。

也就是说，所谓的"三位一体改革"，就是将削减辅助金、移交税源和变革地方交付税三者统一起来予以推进的改革。

从理论上来说，这项改革再正确不过了，但于2003年度至2006年度间推行的"三位一体改革"却走过了一段极为困难的历程，这是为什么呢？究其原因，是因为虽然大家在原则上赞成这一改革，但一旦涉及具体措施时，相关的政府部门却坚决反对。

"抽象肯定、具体否定"的典型

以削减辅助金为例，负责支出辅助金的中央有关部门官员对此表示反对。因为这项改革推进之后，他们的饭碗就保不住了。

如果取消义务教育相关的辅助金，文部科学省的官员们的工作就会大幅减少。因此，他们提出各种理由表示反对，诸如"正因为有了义务教育辅助金，日本才能在全国范围内推行高水平的义务教育"，"正因为这项辅助金自明治维新以来就一直存在，日本经济才能发展到今天的水平"云云。这些话在一定程度上确实是对的，然而并不意味着因此就必须一成不变地拿出辅助金。

同理，对于削减辅助金，所有的省厅都提出了反对。在担任经济财政担当大臣的时候，我作为"三位一体改革"的总负责人，与总务大臣、财务大臣、官房长官一同呼吁其他所有大臣削减辅助金。然而当时，所有大臣都反对削减其本部门所负责的辅助金。我还在会议前暗地里被官员们说教，他们异口同声地说："一旦削减这项辅助金，就会给国家和社会带来困扰。"由于所有官员都反对，削减辅助金的改革自然不可能轻易就得到推进。

移交税源的改革同样遭遇到了强烈反对——反对者便是财务省。因为这场改革一旦推行，迄今为止源源不断地进入中央的一部分税收便将断流。

对于财务省的官员来说，税收进入国库，由他们来进行分配，意味着他们拥有一项莫大的权力。一旦将税源移交给地方政府，他们就会失去这种权力，因此我们不难理解财务省为什么会反对这项改革。诚然，移交税源之后，中央政府所拥有的资源分配权力将遭到削弱。但是，如果因此而因循守旧，不做任何改变，受益与负担不一致的状况便会一直持续下去。这样一来，日本财政的根本问题就无从解决。一味规避税源移交的做法显然是行不通的。

地方交付税的改革更是遭遇到了地方政府的激烈反对。这是因为所有的地方政府都十分依赖于地方交付税，一旦自己地盘上的交付税遭到哪怕一点点的削减，那么无论这个人是多么激进的改革派，都会不可避免地站到强烈反对的立场上去。这正是改革的难点——"抽象肯定、具体否定"的典型例子。

概言之，由于受到三股反对力量的牵制，"三位一体改革"步履维艰。在这种困境之中，除了依靠首相的领导力外别无他法。

从结果来看，在时任首相小泉纯一郎自上而下的施压下，3兆日元的税源移交改革最终得以实现，这在日本历史上是破天荒的创举。紧接着，小泉首相又相应削减了4兆日元的辅助金。这两项改革完成后，受益与负担不一致的问题多少得到了缓解。

但这仅仅是地方分权改革迈出的微小一步。从受益与负担的差异来看，3兆日元规模的税源移交显然是杯水车薪。此外，各省厅为了保护手中的权力，从各种细节问题上对削减辅助金改革进行了持续的抵抗，如更改辅助金负担比例等。

然而，即使是公认的无法变革的制度，也终将被撼动，上述成功即证明了这一点，其意义绝不容小觑。如今，我们正站在新的起跑线上，我们朝向的目标是真正实现地方分权改革后的明天。

复杂而怪异的日本地方分权

因此，从根本上思考日本地方分权改革的正确做法，既是理所应当之事，也是最重要的课题。而在思考这一课题时最为棘手的问题是，地方行政服务制度处于复杂而怪异的分权状态之中。

标志着第一次地方分权改革的《地方分权总括法》于2000年（平成12年）开始施行，其废除了中央对地方公共团体首长的委任，将行政服务划分为了"中央政府职能"和"地方政府职能"。然而从结果来看，这种划分并未得到充分执行，中央与地方的职能分化几乎没有得到明确。

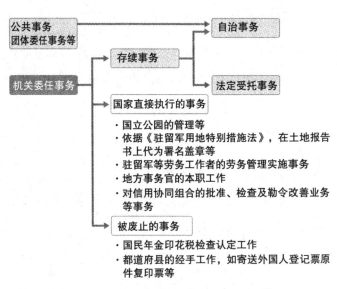

图5-1 对地方公共团体事务的新划分

资料出处：日本内阁府等

正如图5-1所示，都道府县和市町村等地方自治体负责开展的服务（工作）包含"自治事务"和"法定受托事务"。自治事务是指地方自治体应自行开展的工作，而法定委托事务则是原本属于国家机关职责范围，但交托给地方来执行的工作。例如，义务教育是自治事务，而国政选举①则是法定委托事务。

理论上是如此，那么现实又是如何呢？众议院选举、参议院选举等国政选举虽然属于国家机关的职责范围，实际操作时却是在各个地方成立选举管理委员会开展选举工作，并由各地分别统计开票结果。也就是说，国政选举是国家交托给地方办理的法定委托事务。

另一方面，地方政府作为"地方的工作"而负责开展的自治事务之一义务教育，又是怎样一个情况呢？按理说，正因为义务教育属于自治事务，所以各地才成立教育委员会，由教育部门领导人负责提供这一服务。

然而义务教育真的完全是地方政府的工作吗？恐怕会有很多人不能认同。为什么这么说呢？因为众所周知，中央的文部科学省常常对义务教育工作发号施令，如一会儿说要实行"愉快教育"，一会儿又说这样不行，要增加授课时间，还说课余时间应该如何如何安排，等等。也许更确切地说，真正在对教育工作进行统筹决策的其实是中央政府才对。不仅如此，中央政府还会根据在编教员数量，向各地的小学和初中转移辅助金。在这样的情况下，义务教育还能称为地方的工作吗？

如上所述，虽然名义上有法定委托事务和自治事务的区分，但事实上，中央与地方的职能范围却没有得到明确区分，这是日本地方分权的最大

---

① 选出国会议员的选举。——译者注

问题。其结果就是中央与地方的责任划分不明确。既然搞不清楚应该由哪一方来承担责任，人们自然也搞不清楚资金应该由哪方进行调配，怎样承担，而这正是地方分权复杂而又怪异到极点的现状。如果无法将这种复杂而又怪异的分权形式转变为单纯明快的形式，那么以"地方力所能及之事就交给地方"为方向的分权改革，也将裹足不前。

那么，我们究竟该采取怎样的措施呢？答案是：彻底修改《地方分权总括法》。国家的一切工作都由中央来负责；同样，地方的一切工作也由地方来负责。当然，相应的财政收入也要转交给地方政府。如此才能让受益与负担的关系变得更加明确，让分权模式变得单纯明快。

这也是2006年我担任总务大臣时得出的结论。

修改《地方分权总括法》

修改《地方分权总括法》的工作已经拉开了帷幕。

为修改《地方分权总括法》，首相官邸设立了以首相为总部长的"地方分权改革推进总部"。继而我们于2007年4月成立了"地方分权改革推进委员会"，以支持总部的工作。当时，担任委员长的是经济财政咨问会议成员、伊藤忠商事会会长丹羽宇一郎，担任委员长代理的是前岩手县知事（2007年8月31日卸任）增田宽也，此外还有东京都副知事猪濑直树等5名委员，事务局局长则为北海道大学教授宫胁淳。而聘请民间人士担任事务局局长，也确定称得上是一次划时代的人事决定。

地方分权改革推进委员会于同年5月30日总结成果，发表了《推进地分权改革时的基本思路》，并于11月16日公布了《中期总结》。这些文章的基本立场是从根本上重新调整一直以来暧昧不明而又复杂怪异的行政服务机制，并明确划分了中央与地方的工作职责。修改《地方分权总括法》，可谓是从根本上调整日本财政形态的一次大改造。

这样的调整自然遭到了政府官员们的强烈反对。例如，如果明确将义务教育归为地方政府职能，很可能将导致文部科学省的规模被削减至现在的几分之一。由于得出类似结论的可能性很大，《地方分权总括法》的修改遭到了官员集团的顽强抵抗。然而，对《地方分权总括法》的修改工作已经拉开了帷幕，到2009年[①]，新的地方分权形态必将以崭新的面貌出现！

话说回来，中央提供哪些行政服务、地方提供哪些行政服务，应该是依据各个国家的历史、文化或社会状况来决定的问题，不能简单地得出一刀切的答案。例如，军事和国防毫无疑问应属于中央的职能范围之内。

谈到中央的职责，另一个比较容易理解的是对国民收入进行再分配的工作。这一行政服务是指通过社会保障、年金、对低收入人群的生活补助等手段，保障全体国民都能维持一定的生活水平。但其实也有例外的情况，例如在德国，相当一部分的收入再分配工作是由地方承担的。

至于社会基础设施建设究竟是中央政府还是地方政府的职责，则是一个复杂的问题。社会基础设施建设包含的范围非常广，并不一定非要由中央政府来负责推行，但是仅仅依靠市町村级政府机关，显然也不可能完成所有的基础设施建设。所以现在也有人在讨论是不是实行"道州制"，以更广的地域范围为单位，来推行基础设施建设。

---

① 本书出版于2008年。——译者注

受益与负担不明确

有的地方自治体的资金使用效率很低，这正是受益与负担不一致、复杂怪异的地方分权现状的某种象征。以O市为例：

在O市，机关单位曾为职员出资购置西服作为上班穿的制服。理由是，为职员购置制服这一项已经被纳入预算中，但如今穿制服上班不合时宜，所以就改为购置西服了。然而，非政府机关的上班族可都是自掏腰包购置西服的，因为西服不仅仅是工作时穿的工作服，参加派对、外出游玩等场合也可以穿。面对外界的质疑，O市坚称其公款购置的不是西服而是制服，理由是这种衣服的口袋是折叠式的，工作牌放在里面可以露出来。

另一项是"徒步津贴"。通常的做法是，如果职员使用公共交通工具上下班，那么从住所到单位这段距离的地铁或公交月票可以以通勤津贴的名义给予报销。但O市的情况却是，即使职员是步行上下班的，也对其发放名为"徒步津贴"的交通补贴。这听上去很是可笑，但据我在担任总务大臣期间的调查，除了O市以外，还有不少市町村的机关单位在发放"徒步津贴"。

这件事确实令人震惊，然而为什么会出现这样荒唐的事情呢？相比之下，中央机关单位就不会出现这种事情，我从来没有听说过财务省用公款给职员购置西服、国土交通省发放"徒步津贴"之类的报道。为什么这样的事情却千真万确地发生在了部分市町村机关呢？

面对这种情形，一方面地方分权改革势在必行，但另一方面，这类事情也必然会引起"地方政府太离谱"的舆论。如果不能解决这个问题，那么毫无疑问，健全的地方分权模式是无法推进的。有人说，地方自治体（市町村）的普通职员无法肃正纲纪是其领导人和地方议会的错。这的确是一个答案。但是地方自治体之所以能这样胡乱花钱，其中很大的一个原因正是我反反复复强调的受益与负担关系不明确的问题。

虽然多数市民意识到自己在向国家纳税，但相比之下，对于自己在向市町村机关缴纳大量税金的意识却要淡薄得多。如果他们意识到自己在向市町村机关缴纳大量的税金，那么就会对这些机关使用资金的情况监督得更严格才对。只有当民众把地方政府机关盯得死死的时候，地方自治才有意义；如果做不到这一点，那么所谓的地方自治不过是一张画饼罢了。就这层意义而言，我们必须打造这样一个社会共识：我们在向自己所居住地的市町村机关缴纳大量的税金、承担大量的赋税，所以要时刻紧盯着他们是怎样使用这些资金的。

自由与责任

其实，导致部分地方自治体胡乱花钱还有一个很大的原因，那就是他们并没有肩负起足够的责任。

制度是一种很精妙的东西，"自由"与"责任"总是相辅相成的。在行政制度方面，地方自治体其实没有被授予太大的自由，也正因为此，他们的责任意识也很淡薄。

从义务教育的例子中，我们很容易理解地方自治体的自由与责任问题。前面我已经提到过，按照现行体制，义务教育在名义上被归为市町村级政府的工作，但实际上却要听从文部科学省发号施令。这意味着什么呢？这意味着地方政府机构没有自由。既然没有充分的自由，那么自然也就不用负担全部的责任。

多数的地方自治体对于没有自由这件事抱有相当大的不满。而另一方面，对于不用担负全部责任一事却睁一只眼闭一只眼。

然而依据现在的改革方向，今后地方自治体将获得更大的自由，所以相应地，它们也必须承担起更大的责任才行。在担任总务大臣的时候，我曾在一次讲话中提到："今后，地方政府将获得更大的自由。相应地，也将制定'地方破产法则'。"因为我知道，至少到目前为止，日本还从来没有一个地方自治体因为胡乱花钱而宣告破产。

为什么北海道的夕张市会陷入那种境地①呢？诚然，这确实也有宏观上地区经济整体陷入衰退等令人同情的因素，但是，夕张市的财政情况恶化到如此严重的程度，最主要的原因在于所有人都觉得，"不论经济怎么恶化都不会破产，反正最终总会有人出来收拾烂摊子"。

的确，目前不管地方自治体（市町村）的财政情况恶化到什么程度，都没有所谓的"破产"，只会成为"再建团体"。从这层意义上讲，人们因为欠缺责任感，也欠缺了紧张感。

然而今后，我们必须要建立起一个让地方自治体既拥有自由同时也承担责任的制度。当某个市町村的财政状况出现恶化时，选举出那样的领导人和地方议会议员的当地民众身上也是有责任的。如今，夕张市的民众正面临着行政服务水平下滑的处境，这固然令人同情，但我们也必须认识到，那些导致财政破产的行政者——市长和市议会议员，正是由当地民众选举出来的，

① 2006年，夕张市出现了严重的财政困难局面，2007年时被确定为财政再建团体，事实上已经宣告破产。——译者注

他们也必须为此负责。

如果财政破产的责任不由地方自治体自己来承担，其结果就是让其他地区的民众来为这个地区的财政破产擦屁股。要健全地方财政，就必须建立起一个让地方自治体同时拥有自由和责任的制度。

地方财政制度的问题点

在本部分，我将基于目前为止的论述，整理地方财政制度的问题点，然后试着总结该如何应对这些问题。

第一个问题是，地方政府没有自由度。正如前文所指出的，像义务教育这样明明已经被归为地方政府的工作，文部科学省却介入其中；地方自治体的大部分政府支出被中央政府设定的基准所限制。总而言之，地方上几乎没有什么自由度。那么该怎么做呢？一个解决策略是制定全新的《地方分权总括法》，明确区分中央与地方的职能，将复杂怪异的分权模式转变为单纯明快的分权模式。中央的工作就全部由中央去做，地方的工作则放权让地方自由去干。当然，辅助金改革也应包含在其中。

第二个问题是，因为没有权限，地方政府也没有承担相应的责任。例如，大阪市的行政经费摊到每个市民头上，是东京、名古屋、福冈等其他政令指定都市①的1.5倍。虽有规规矩矩的市町村，也不乏那些不讲效率的地方

---

① 基于日本《地方自治法》由政府行政命令指定的城市。当一个都市人口超过50万（目前获得认定的大多为人口超过100万的都市），并且在经济和工业上具有高度重要性时，该都市将被指定为日本的"主要都市"。政令指定都市享有一定程度的自治权，但原则上仍隶属于上级道、府、县的管辖。——译者注

自治体。两类地方自治体鱼龙混杂，而且对那些胡乱行政的地方自治体没有明确责任，这就是当前地方财政制度的问题所在。对此，必须制定地方行政改革的新方针。

在现行制度下，地方财政不存在破产的问题，然而现实情况是，日本地方债务总额占GDP之比已经达到了其他发达国家的5～7倍。当然，有的国家有《破产法》而有的没有，我们不能一概而论。以设有《破产法》的美国为例，加利福尼亚州的橘郡破产①的消息在日本也引发过舆论热议。为了让地方政府因担心破产而心怀紧迫感地进行财政运营，并建立一个前期戒备的体系，必须建立"再生型破产法则"②这一全新机制。

第三个问题是，地方政府在财政上对中央的依存度过高。例如，2007年度中央共向45个道府县分配地方交付税8.0603兆日元，向1618个市町村分配6.23兆日元，总额高达14.2903兆日元。另一方面，不分配地方交付税的都道府县级地方自治团体仅有东京都和爱知县，市町村级自治团体只有186个（仅占总数的10.3%）。直到2006年度，作为经济活跃城市典型代表的名古屋市才被归入不分配地方交付税的行列。

不分配地方交付税的自治团体数量在逐步扩大，2005年度为147个（都道府县1个、市町村146个），到2006年度已经达到了173个（都道府县2个、市町村171个）。然而，地方交付税对象依然占据多数的现状并没有得到改变。因此，我们必须想方设法扩大不分配地方交付税的自治团体范围，并同

① 1994年，橘郡因市政府财务主管投资衍生性金融商品而发生大量亏损，橘县政府只好宣布破产，并通过裁员和缩减市政服务来偿还债务。——译者注
② 又叫做"再建型破产法则"。这一想法在"地方分权21世纪愿景恳谈会"上被提出，其主要内容并非针对地方自治体破产后如何进行清算，而是提出在地方自治体破产之前，提前采取纠正措施。——译者注

时推进税源移交的进程。

长期以来，中央政府都在推动地方政府债券发行条件的统一，这也是一个问题。从2006年我就任总务大臣以后，这一机制得到了改革，但是在地方政府债券问题上，引入市场监督机制是不可或缺的。一直以来，地方政府债券仅仅被人们视为一种"财政"手段，但却忽视了债券原本是一种"金融"手段，而在金融市场里，对借款人进行监督检查毫无疑问是必不可少的。另一方面，由于地方交付税的20%被用于偿还地方政府债券的本金和利息，也就造成了地方借钱、中央还钱的现状。要解决这一问题，应该采取让地方政府债券发行更加自由化的策略。

第四个问题是地方分权结构复杂难懂的问题。正如本章开头所指出的，地方上的制度极为复杂怪异，即使是像我这样研究了30年经济与经济政策的人，很多事情也是直到担任总务大臣后才第一次明白的。那么究竟有哪些人懂得这样复杂而又怪异的制度呢？只有那些分管的官员们罢了。一旦只有那些分管的官员们掌握这套制度，他们就会为满足自己的需求喜好而运营，民主主义的监督功能也就彻底失效了。所以，在民主社会里，复杂的制度就是坏制度。

如上所述，地方财政制度必须尽可能设置得单纯明快，因此我个人提出了创设"新型地方交付税制度"[①]这一应对策略。

---

① 由竹中平藏在2006年提出，2007年开始逐步推行。主要内容为根据地方的人口和面积，决定地方交付税的分配额度。——译者注

地方交付税的复杂机制

现行地方交付税的目的是将中央聚拢起来的国税分配给地方。在本部分，我将解释一下这一机制的本质。

通常定义上的地方交付税是指，在不损害地方自治体的自主性的前提下，为实现各地区财政的均衡化，通过设定交付基准，保障地方行政按计划运营，以实现地方自治的宗旨并强化地方团体的独立性的税种，其机制极为复杂。

首先，地方交付税的资金源为"法定五税"，具体来说就是所得税的32%、酒税的32%、法人税的32%、消费税的29.5%以及烟草税的25%加起来的总额（法人税这部分自2000年度开始暂定为35.8%）。也就是说，国税收入的一定比例自动就变成了地方交付税。除此之外，根据不同年度的具体情况，还会以地方财政对策的名义在一般会计中增加交付税的额度。可以说，几乎有1/3的国税以地方交付税的形式被分配到了地方财政。

为什么必须设置这样的转移机制呢？在政府支出层面，中央与地方的支出比例大约是2∶3；但在租税收入方面，国税与地税的比例却正好相反，大约是3∶2。也就是说，受益与负担是不平衡的。因此，"地方交付税"其实相当于本来应该上缴给地方自治体的那部分税收。

但是，如果直接把地方交付税当作地方自治体的税收收入，则不同的地方自治体之间就会出现收入来源不平衡的现象。为了保证所有的地方自治体都维持一定水平的收入，日本建立起了这样一套先由中央政府征收国税，再依据一定基准进行再分配的机制。因此，地方交付税天然就带有"中央代替地方征收的地税"这一特性，被当作是地方自治体的一般收入来源，中央政府无权限制其用途，也不能附加使用条件。

　　但问题在于，如何分配地方交付税。以2007年度为例，在45个道府县和1618个市町村之间，该如何分配交付税呢？这种输送机制即地方交付税的计算方法，有着极为细致的规定。交付税的分配方式由地方财政计划决定，在每年12月底制定来年预算时一并讨论。

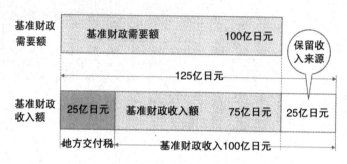

图5-2 地方交付税机制

资料出处：日本总务省

　　各地方自治体的地方交付税额度的计算方式如图5-2所示。首先，由中央计算出各个市町村分别需要多少资金，即"基准财政需要额"，也就是说中央要对地方的情况进行一番判断。然后，要计算出预计税收（"基准财政收入额"）。最后，将"基准财政需要额"减去"基准财政收入额"，所得出的收入缺口即为地方交付税的额度。

　　顺便提一下，计算"基准财政需要额"有一本详细的《计算基准手册》，厚度跟一本黄页电话号码簿差不多。我担任总务大臣的时候曾经从财政局拿到过一本，但是我从来没有想要翻看的欲望。这么厚厚的一本《计算基准手册》，国民根本没有办法逐条予以监督。

提出"新型交付税"

当然，我丝毫没有要求废除地方交付税的意思。与东京都和爱知县等非交付团体的税收情况不同，其他道府县若要维持一定的居民生活水平，就必须依赖一定的税收输送机制。但是，像黄页一样厚的《计算基准手册》有必要吗？·因此，我提出了"新型交付税"的建议。

"新型交付税"是指以地区面积和人口等简单明了的指标作为基准（"人口·面积基准"），计算出必要的财政需要额度，并将税收不足的部分作为地方交付税的金额。

引入"人口·面积基准"的背景是时任大阪大学教授的本间正明带领的学者团队进行的一次详细的实证分析。他们以细致的计算基准为基础，统计调查了官员酌情决定的地方交付税金额，并以人口和面积为解释变量[1]，进行了回归分析，结果证明，地方交付税金额能够用人口和面积进行解释。也就是说，现行的计算方法虽然涉及细致的计算基准和酌情裁量，但其结果与依据人口和面积为基准计算得到的数字几乎没有什么差异。

然而，多数地方自治体都对新型交付税提出了强烈反对。大致的反对理由是，各个地方自治体都面临着各自的"特殊情况"，希望中央予以酌情考虑。同时，林林总总的要求也纷至沓来。

---

[1] 用来解释作为研究对象的变量（即因变量）为什么变动及如何变动的变量。它对因变量的变动做出解释，表现为方程所描述的因果关系中的因。——译者注

例如，滋贺县提出了"要不要把琵琶湖①算进面积里"的问题。此外，还有地方表示"我们这里气候寒冷、降雪量大，需要除雪费，希望中央能酌情多分配金额"。因为不同年龄段的财政需求不一样，也有地方要求把当地老龄人口多的情况考虑进去，这也并非不能理解——如果老龄人口比例高，相应的生活保障、年金等方面的财政需要就会增加，因此有地方提出不光要考虑人口数量，还应该考虑人口结构，设置多个权重才行。然而，如果逐个听取所有地方自治体的"特殊情况"，《计算基准手册》恐怕又会变得跟黄页一样厚了吧。

我的一贯立场是，"让中央考虑个别情况，是对地方自治的否定"。面对反对新型交付税的人，我的回答是："一定程度上酌情考虑或许是必要的。但是，各个自治体都面临着各自的情况，解决这些问题不正是地方政府的工作吗？地方交付税是地方的一般财政收入，地方可以自由决定使用途径。这既是自由，也是责任，这不正是地方分权的基本原则吗？"

这也是能否创立起真正的地方分权格局的一大转折点，而且，我们的前进方向已经明晰可见——在明确划分中央与地方的职能的基础上，明确划分责任与自由。也就是说，中央向地方移交财政收入来源，同时相应地，责任也由地方来承担。此外，还可以引入破产法则。在地方交付税方面，依据"人口·面积"制定明确的基准，以国民都能看得懂的形式，保障每个地方一定额度的政府收入，这样的改革才真正算得上是地方分权的目标。而如今的问题是，究竟应该采取什么样的形式，才能使得各方对此达成共识。

---

① 琵琶湖位于日本滋贺县，是日本最大的湖泊。——译者注

"道州制"构想与《地方分权总括法》

与地方分权相关的另一个重要话题是"道州制"。

围绕日本的广域行政问题，目前为止已经出现过多次关于"道州制"的讨论。1989年设立的临时行政改革审议会就曾进行过都道府县的广域联合和"道州制"的可行性探讨；1994年国会通过地方分权决议后，关于"道州制"的讨论热度一度高涨；2004年由于《地方自治法（修正案）》获得通过，都道府县的合并变成可能，关于"道州制"的讨论也变得更具现实意味。

在考虑包括"道州制"在内的地方问题时，一个关键点在于，为了使地方政府负责任地开展行政工作，地方必须具备一定规模的财政基础，让一个人口数只有500或1000人的村庄独立开展全方位的地方行政工作，恐怕是强人所难。也就是说，如果没有一定的人口规模，就很难成立一个基本的、自立的自治体。

那么，所谓"一定的人口规模"是指多大的规模呢？关于这个问题的看法见仁见智。有人认为应该达到10万，也有人说必须要有30万的规模才行。当前，日本正在推进以10万人规模为目标的市町村合并行动，这就是所谓的"平成大合并"。全国的市町村数量已经从1999年的3232个减少到了2006年的1820个，这样算来，短短7年时间里就减少了约43.7%。

但是，日本全国的人口数量大约是1.27亿，如果以10万人口规模为一个单位，简单地用除法计算，地方自治体的数量至少要有1270个。因此，当前我们将继续探索的是如何将1200多个市町村合进一步并到1000个。

有观点认为，一个基本的自治体的人口规模应以30万为宜，如果采用这一观点的话，我的出生地和歌山县就只能下设3个市了，然而下辖只有3个市的县作为一级行政单位未免也太小了。于是有人提出，必须设置范围更大的广域行政圈，并提出了"道州制"。也就是说，"道州制"与作为地方分权改革基石的市町村合并具有相辅相成的关系，这是一种重要的构想，自然也是未来必须努力的方向。

但是，"道州制"并非那么容易就能建立，这也是我们不得不承认的事实。原因是，自明治时期废藩置县①以来，几乎所有的体系都是以都道府县为行政单位建立的。

在各个地方上拥有强大实力的地方银行、报社、电视台、大学等，几乎都是以都道府县为行政单位存在的。这些划地而立的银行、报社、电视台、大学等机构，个个都是"一国一城之主"，如果要推行"道州制"，就必须同时推进地方银行、报社、电视台和大学的合并，而这几乎是等同于版籍奉还②、废藩置县的社会体系大改革了。只要这些社会变化没有跟上，"道州制"就没有真正建立起来。

因此，"道州制"虽然是我们努力的目标，但它并非一朝一夕就能实现。因此我总是主张，比起"道州制"，我们更应该优先探讨的是《地方分权总括法》。因为即使"道州制"真的实现了，却还是分不清楚哪些工作是中央的职能、哪些是地方的职能，那么地方分权改革也只能继续裹足不前。

---

① 1871年（明治4年）7月，日本明治政府废除全国各藩，统一设为府县，成为建立中央集权政权一项划时代的政治变革，巩固了以天皇为首的新政权。——译者注
② 日本明治政府于1869年（明治2年）实行的一项中央集权政策，指各大名向天皇交还各自的领土（即版图）和辖内臣民（即户籍）。——译者注

优先讨论《地方分权总括法》，进一步明确中央与地方的职能划分，是我们首先必须要做的。等到有眉目的时候再探讨以道州作为行政单位，这样的顺序才是合理的。

第六章

与"既得利益"战斗

——邮政民营化的经济学

闘う経済学
未来をつくる「公共政策論」入門

本章关键词
分社化；小政府；完全民营化

主动型改革——邮政民营化

为了振兴日本经济而进行的结构改革分为两种，即被动型改革与主动型改革，这一点我在前文已经阐述过了。在第三章中，我已经论述了被动型改革——不良债权处理的过程，本章我想谈一谈主动型改革的象征——邮政民营化。

具体安排是，首先我将解释为什么邮政民营化是主动型改革的核心，即小泉结构改革的核心。然后，我将从经济学的视角阐述邮政公社[1]民营化的意义。

接着，我将通过政策实现过程中的具体实例，介绍邮政民营化的经过。邮政民营化是一项制度设计极其复杂的政策，同时在政治上又遭到了反对势力的极大阻挠，所以是一个极具特征的政策案例。最后，我将依据这些经验教训，归纳其对我们考虑公共政策问题的启示。

少子化、老龄化、全球化……日本所处的经济环境正在发生令人炫目的

---

① 2003-2007年间从事邮政、邮政储蓄、保险业务的国营公社。该公社于2003年4月从总务省中独立，2007年10月邮政民营化后改名为日本邮政株式会社。——译者注

变化。面对这样的环境变化，要积极地改变当前的社会结构，除了推行主动型改革之外别无他法。

我认为，处于主动改革核心地位的，便是打造一个高效率的小政府。这是因为，首先，随着出生率下降和平均寿命上升，今后日本的人口结构将出现巨大的变化。具体来说，日本的人口总数已经转向逐渐减少阶段，这是我们众所周知的事实。以中位值计算，到2055年日本人口可能将跌破9000万人（根据国立社会保障与人口问题研究所调查的数据）。

而老龄（65岁以上）人口占总人口的比例在2006年时已经达到20%，预计到2055年，这一数字将超过40%。在这样的情况下，为了尽可能地减轻年轻人的负担，我们必须尽可能地打造一个小政府。如若不然，在沉重的赋税和社会保障负担的压迫下，经济活力恐怕将遭到极大的打压。

所谓打造小政府，即意味着"民间能做的事情就由民间来做"，也就是推行民营化。

日本最大的政府机关正是邮政公社。在2005年国会讨论民营化法案的时候，邮政公社拥有26万名正式员工和12万名兼职人员，其银行部门拥有的资产规模达到200兆日元，是当时世界上最大的储蓄银行。另一方面，邮政公社经营的业务分为邮政、银行和人寿保险三个领域，而这些都是民营企业已经在经营的领域。

从这层意义上看，邮政民营化正是在打造高效率小政府的改革道路上无法避开的改革之核心。

我认为至关重要的一点是，将这一最困难的民营化改革作为主动型改革的象征，迎难而上。2003年5月政府向里索那银行注入公共资金的时候，我就已在心中确信，"这样一来，被动型改革的象征——不良债权处理就一定能够向前推进"。在那之后不久，我就接到了小泉首相关于着手准备邮政民营化具体工作的指示。以被动型改革为引子，使经济形势趋于稳定之后，再转向主动型改革……而在进行主动型改革时，则拿最难的邮政公社民营化开刀，这显示出小泉首相意欲一举提振改革势头的坚定态度。

邮政民营化的经济学

众所周知，邮政公社是日本典型的政府机构。虽然一般来说，很少有人会对"民间能做的事情就由民间来做"这句话提出异议，但出人意料的是，民众对于民营化之前的邮政公社是怎样一个机构、一直以来是如何运作的、问题又出在哪里等，却知之甚少。如果我们不先根据经济原则明确阐述其机制和问题点，就无从得出具体应该如何推进民营化。为了制定民营化的具体对策，我曾听取过很多人的意见，然而几乎没有一个专家能够提出将这一庞大机构整体进行民营化的具体方案。

在此我要整理一下考虑邮政民营化问题时的关键点。邮政基本上分为三大业务，而三种业务的性质又完全不同。

首先是邮政业务。从运输货物这个角度来看，它应该属于某种物流业务。但是根据国际条约，邮政业务属于普遍服务（Universal Service）[1]，也

---

① 指国家为了维护全体公民的基本权益，缩小贫富差距，通过制定法律和政策，使得全体公民无论收入高低，无论居住在本国的任何地方，包括农村地区、边远地区或其他高成本地区等，都能以普遍可以接受的价格，获得某种能够满足基本生活需求和发展的服务。普遍服务主要出现在与公众生活密切相关的公益性垄断行业，如邮政、电信、电力、供水等。——译者注

就是说，寄往全国任何一个角落的邮件都只能征收同样的费用。邮件事业承担着这样一种公共职能，这是它的一大特征。顺便提一下，关于这一点，NTT[①]的电话通信服务也是如此。

其次，邮政也在从事吸纳储蓄等实质上属于银行的业务。只是这个银行虽然擅长吸收存款（目前存款金额为世界第一），却并不对存款进行自主运用。这是一种特殊的、重心有所偏颇的银行。

从经济学的视角来看，还有一个重要的点在于邮政公社的存款背后有政府作为担保。在金融这个市场最尖端的行业，在这种伴随风险的商业活动中，政府这一绝对势力的介入，无疑是扰乱民间金融的重要原因。

从邮政机构的性质中，我们也能解读出这层意思。邮政公社不属于金融厅的管辖范围，因此《银行法》对其没有效力。如此庞大的金融机构却完全置身于国家对金融和银行的管理之外，这显然是一种非常离奇的状况。

第三，保险业务也存在着和银行业务同样的问题。例如，资产运用能力问题、政府担保问题、《保险业法》管辖之外问题等。从经济政策的观点来看，这些问题都必须综合解决才行。

除此之外，邮政还有一大特色。那就是邮政、银行和保险这三项业务都是由共同的平台——遍布全国的邮局网络来提供服务的。

如果把邮局网络视为连锁店（事实上，邮局在经营时确实打着统一的招牌和标志），其营业规模相当于日本最大的连锁便利店的2～3倍。通过共同的平台，邮政公社提供着公共性很强的邮政服务和位于市场最尖端的金融服

---

① 日本电信电话（NTT）是日本最大的电信服务公司，是目前日本通信产业最重要的旗舰企业，也是目前世界上首屈一指的通信公司之一。——译者注

务，再加上规模无比庞大这一优势，使邮政公社一直以来都是一个特殊的政府机构。

那么，这样一个特殊的机构为什么非推行民营化不可呢？因为邮件、银行、保险这三大业务的每一项都有着必须民营化的重要理由。

首先是邮政业务。随着数字革命的推进和电子邮件的普及，近年来常规的邮件处理量正在以5%左右的速度逐年递减。幸亏有直邮广告业务的普及和扩大，多少能够抵消一些减速，但即使如此，从结果来看，邮件的处理量仍然在以每年约3%的速度持续下滑。

如果这样的情况今后依然持续，那么邮件量在10年后至少将减少30%。与此同时，邮政公社与民营快递业务的竞争也日趋激烈。因此，大刀阔斧地变革邮政这一已经成为"衰退产业"的业务显然迫在眉睫。如若不然，邮政业务（目前的状况是没有大收益，也没有大损失）就可能会像过去的日本国有铁道一样，变成国民的沉重负担。

在日本国内不为人知的是，日本的邮费水平其实已经大约达到了美国的2倍，这也正解释了为什么邮政公社在与民营企业的价格竞争中日渐陷入困境。邮政业务所面临的环境，可谓极其严峻。

回过头来看看日本的近邻们，东南亚的国际物流市场正在以每年20%～30%的速度迅猛发展。如果把国际市场因素也纳入视野之中，那么显然就要求邮政公社在经营中能够发挥民营企业的自主性和创造力，换句话说，它需要通过推行民营化来提高经营效率。

顺便提一下，世界上有多个国家已经实现了邮政民营化，其中的先驱便是众所周知的德国、荷兰等国。这些国家正是考虑到国内市场狭窄、缺乏前途，于是决定进军"国际"物流行业的。但如果是一家以国家力量为后台的企业进军国际市场，则无疑会与其他国家发生各种摩擦。出于这个原因，这些国家下定决心迈出民营化改革的步子。德国邮政在民营化之后不久就并购了世界著名的物流企业DHL，成功进军国际市场。DHL在日本国内也十分有影响力，而它的身份其实正是民营化后的德国邮政的子公司。

银行、保险这两个金融部门同样面临着重大的结构问题。

邮政公社的收益主要来自于对巨额存款资金的经营。但是通过政府担保吸收到的资金，其运用途径是有限制的，即只能用于投资安全资产。而且由于邮政公社缺乏运营方面的经验，所以在过去，那些巨额资金被作为财政投资融资资金委托给了政府，由政府负责运营。现在这项制度虽然已经修改了，但从结果来看，将吸收来的存款运用于国债等安全资产的模式仍在持续。

但是我们必须要知道，这样的商业模式迟早是要崩溃的。从银行存款和国债的金融资产的性质来想，这是非常自然的事。但是在日本，由于存款利率的自由化迟迟没有进展等特殊情况，集中存款购买国债这样的模式直到现在依然得以存续。然而，一旦现在的市场情况发生变化，与其他国家接轨，邮政的收益基础就会立即土崩瓦解。邮政公社极有可能步国有铁道的后尘，成为国民的沉重负担。

在以打造小政府为目标的改革不断推进的过程中，作为第一大政府机构，邮政公社的民营化具有象征意义——邮政民营化就是改革的标志。而且，正如之前我所阐述的，从经济政策的观点来看，邮政民营化也有不得不推进的充足理由。不过毋庸置疑的是，要想使拥有强大政治力量的邮政公社民营化，必然会是一场规模极为庞大的政治斗争。

邮政民营化争论开始

邮政民营化改革的具体起点，就在2003年5月政府向里索那银行注入公共资金后不久。在6月25日召开的晚餐会上，小泉首相与邮政公社的生田总裁（任期至2007年）说的一番话，正是民营化改革开始的具体指示。小泉说道：

"生田先生，你将成为第一任也是最后一任邮政公社总裁。"

显然，这意味着小泉首相下达了要在2007年完成邮政民营化的指示。

指示下达3个月后，9月26日召开的经济财政咨问会议决定在下一次会议上（10月3日）讨论邮政民营化议题。作为最后的总结，小泉首相这样说道：

"终于轮到核心中的核心了。从现在开始，邮政民营化正式成了内阁的一项课题。"

在讨论开始之前，我总结了邮政民营化的五大原则（俗称"竹中五原则"）。

第一，邮政民营化的目标是使日本的经济社会产生活力（"活性化原则"）；第二，邮政民营化改革应与财政改革、金融改革和规制改革等相协调统一（"整合性原则"）；第三，要提高各类用户使用服务时的便利性（"便利性原则"）；第四，要充分发挥邮政事业积累起来的人脉资源、物质资产、经验以及在公信力基础上建立起来的巨大网络等重要资源（"活用资源原则"）；第五，应尽可能地维持目前的劳动关系（"雇佣体谅原则"）。

虽然我可以预见到这五大原则会遭遇各种各样的不同意见，但为了防止改革方向出现大的偏差，我仍然必须提出它们。换言之，考虑到问题的复杂性，这场改革要拿满分很难，但我仍然想保证它不低于80分。这就是我在改革前先定下五大原则的意义所在。

此外，我还明确了确定邮政民营化基本方针时必须坚守的三大底线。

第一，邮政、银行、保险等业务各自独立，因此，邮政公社必须实施拆分（分社化）。第二，完成民营化和拆分后，经营各项业务的公司必须与其他民营企业一样，严格遵守相关法律法规。第三，为确保自由经营和公平竞争（Equal Fitting）的平衡，必须设立监督机构。

2004年2月至10月，经济财政咨问会议围绕邮政民营化一共展开了18次讨论。2004年4月26日，"邮政民营化准备室"成立。在同年7月举行的参议院选举中，为攻克邮政民营化这一大难题，也为推动小泉改革，应小泉首相的要求，我也参与了竞选，最终获得72.2万票，作为自民党中的最高得票者当选议员。

2004年8月10日，经济财政咨问会议通过了《邮政民营化基本方针草案》。小泉首相在会议结束的讲话中宣告："我们终于迎来了'夏之阵'①！"事实上，他在5天前的《小泉内阁电子邮件杂志》中就这样写道：

民营化的方针已经确立，我们不再停留于概论阶段，已经进入到了具体

---

① 1614年的大阪冬之阵和1615年的大阪夏之阵是日本战国时期最后两次大规模的战役，其中的夏之阵被认为是给日本战国史画上句号的战役。——译者注

操作的各阶段之中。

紧接着，《邮政民营化基本方针》于9月7日获得经济财政咨问会议通过，10日获内阁正式批准。

作为邮政民营化担当大臣

2004年9月，在小泉内阁的第三次内阁改组中，我继续被任命为经济财政政策担当大臣，同时卸去了金融担当大臣一职，就任邮政民营化担当大臣这一新设立的职位。

上任之后，我立即着手处理三件事情：一件是根据基本方针进行"制度设计"，并使其成为"法律草案"；另一件是对国民尽到说明的责任；而第三件是针对反对意见，作出充分的应对。

对于当时的心境，我在《小泉内阁电子邮件杂志》（2004年10月14日刊）中这样写道：

就任担当大臣以来，我迅速发起设立了包括邮政民营化专家会议（由向大臣建言的专家组织改组而成，并于10月6日举行了第一次会议）、邮政民营化信息系统讨论会议（10月12日举行了第一次会议）、日本邮政公社与邮政民营化准备室的联络探讨会（10月8日宣布启动）等在内的一系列讨论平台。

10月5日，以首相为总部长、以内阁全体成员为成员的邮政民营化推进总部召开了第一次会议。在会上，首相做出极具魄力的指示："如果不是我担任总理大臣，邮政民营化问题不会进展到今天这一步。希望内阁团结一心，解决这一重要课题。"首相面对这一课题的非凡决心令我大为触动，作为担当大臣，我也更加感受到了自己身上所肩负的重责。

为了实现邮政民营化，除了在上述政府机构内部加速推进讨论之外，获得国民的理解与支持也是必不可少的。为此，从2004年11月前后开始到第二年初，我本人尽可能地前往日本各个地方，针对邮政民营化的议论点，在各地与当地人士召开讨论会，希望能够尽快使方案具体化，并公之于众。

为了履行向国民解释说明的职责，我在各地来回奔走，在地方电视台播放了"邮政TV大篷车"宣传节目，参与了全国21个电视台的谈话节目，与地方的专家们开展讨论，通过多种形式来宣传邮政民营化改革。

法案提交国会之前必须克服的两大障碍

邮政民营化是小泉改革的象征，对此，小泉首相的指示是十分明确的：一是不偏离基本方针；二是在法案提交国会的问题上，要获得自民党内的支持并非易事，因此必须从正面进攻，及早公布法案。

2005年1月17日，一场名为"邮政民营化——从官到民的大改革"的官邸会议在首相官邸召开。在开场致辞中，小泉首相这样说道：

在强烈反对改革的声浪中，我们从外到内，一次次地填平护城河（阻碍），如今终于到了攻克堡垒的阶段。其他的改革可能别人也能做到，但是邮政改革不一样，如果不是我担任总理大臣，绝无可能实现。今后，我势必要在国会上成就这项改革事业。

1月21日，小泉首相在第162届通常国会的施政方针演说中除了表达开展邮政民营化改革的强大决心外，还谈及了改革的内容，明确阐述将严格遵循基本方针，将邮政公社拆分为4家企业，并推进改革的制度化。

要将法案提交至国会，首先必须克服两大障碍。一是在政府与执政党之间的协商会上就法案的基本形态展开讨论，并最终与执政党达成共识。为此，从1月下旬起，政府与执政党以每周一次的频率，进行了连续3个月的磋商。

另一大障碍是，与执政党达成共识之前，还必须在政府内部就法案达成一致。小泉首相下达了强硬的指示："利用4月2日、3日周末两天时间，召集相关大臣，就所有问题进行讨论，统一内阁意见。"

要克服这两大障碍当然并不容易。但不管怎样，4月27日下午，自民党最高决策机关总务会终于同意将法案提交到国会。当天晚上8点半开始的临时内阁会议上通过了《邮政民营化法案》，同意将该法案提交国会审议。在小泉首相就任之前被视作"信口开河"、任谁都无法想象会实现的"邮政民营化"，至此终于正式以法案的形式提交到了国会。（关于法案提出的具体过程，将在第八章中详细介绍。）

该法案的核心内容是，从2年后的2007年4月开始，将邮政公社的业务拆分成"邮政事业会社"、"邮政局会社"（窗口公司）、"邮政储蓄银行"、"邮政保险会社"4家公司，推进民营化进程，并计划在2017年4月之前彻底实现民营化。

通过邮政民营化特别委员会审议与众议院决议

邮政民营化这一重要法案在自民党内部都受到了反对声浪的包围，就更别提在国会了。为了应对国会审议，邮政民营化特别委员会于2005年5月20日成立。就在成立前夕，小泉首相将两名不遵从指示、在"族"议员之间搞反对动作的总务省干部撤了职。在自民党内部，一直以来也都存在试图对法案进行"修正"的动向，但我从不对此做出回应，小泉首相的决心也非常坚定。

5月27日开始，众议院特别委员会对法案进行审议。原本决定缺席审议的民主党在一星期后也参加了法案答辩。针对邮政民营化的批评以及反对观点主要有以下四个方面：

第一，有人担心民营化后邮局数量将被大幅削减，在人口过疏地区，邮政服务将难以维持。对此，我明确表示将会制定邮局的设立标准，同时维持人口过疏地区的邮局网络现状，不会损害其便利性，并表示在判断是否要撤并邮局时，将通过法律程序以确保满足公共性。

第二，有人指出在拆分业务之后，邮局的窗口就不能同时办理金融和保险业务了。然而这个问题毫无现实依据。日本邮贮银行（Japan Post Bank）和日本邮政保险（Japan Post Insurance）原本就没有足够的门店，重新建立一个脱离邮政局会社的门店网络根本无从谈起。

第三个问题主要是针对民营化后的银行，有人担心它不能充分盈利。但这也是一个说不通的问题。正是因为现在盈利能力出现问题，所以才要推行民营化，提高其收益。这本来就是邮政民营化的目标所在。

第四，有人批评说，维持邮政的现状对任何人都不会造成困扰，所以根本不是非要推行民营化不可。然而事实正好相反，邮政正在给国民造成巨大的负担。例如，由于国家在给邮政储蓄做担保，这意味着这些钱将来有可能成为由国家来承担的债务，即"或有债务"。也就是说，虽然目前还没有发生这样的情况，但这种可能性是潜在的。而国家的负担正是国民的负担。此外，与日本邮贮银行、日本邮政保险有直接关系的政府金融机构获得了大量的辅助金（税金），这部分辅助金最终会转化为邮贮的利息成本，只不过上述结构十分隐蔽，国民都看不出来罢了。

漫长的委员会审议日复一日地进行着，众议院的答辩时间合计达到了109小时之多。至于我的答辩次数，仅在众议院的委员会审议上就达到了大约850次。虽然我不清楚其他人的数字，但作为一名大臣为一项法案答辩的次数，我想已经创下日本国会史上的最高纪录了吧。

7月4日是最终的总结答辩，当天傍晚进行了投票表决。结果，《邮政民营化法案》在执政党内获得了多数通过。次日召开的众议院全体会议对法案进行了投票表决，最终以233票赞成、228票反对的5票微弱优势获得了通过。

邮政民营化改革并非单纯地解决邮政公社这一个机构的发展方向问题，而是事关日本这个国家究竟要打造"小政府"还是变成"大政府"这一全体国民的道路选择问题。究竟是要打造一个高效率的小政府，以最大限度地降低国民赋税负担作为目标，还是打造一个大政府，让社会成员背负沉重的赋税负担，无疑是摆在日本国民面前的两条路。

如果选择小政府，民间能做的事情就应由民间来做。邮政民营化正是测试日本能否成为"小政府"国家的试金石。

在7月7日的《小泉内阁电子邮件杂志》中，小泉首相这样写道：

《邮政民营化法案》不仅是为了发挥民间的创意来为国民提供细致入

微的服务，更是为了凭借民间的智慧来高效率地运营高达340兆日元的邮政储蓄和简易保险资金，打造一个"小政府"，刺激经济活力。这是重要的基础……许多人虽然抽象地赞成"民间能做的事就由民间来做"这一大原则，却坚决"反对"邮政民营化这一具体方法。在这样的形势下，我们在与反对联盟进行斗争的过程中从外到内逐一填平阻隔，如今终于迎来了攻克壁垒的最后一仗。

未能通过参议院审议

参议院同样为此设立了特别委员会，并于7月13日开始审议。在参议院特别委员会的审议会上，我切实感受到了劳动工会对民主党的强大影响力，以及在不同意识形态下产生的对市场经济的强烈不信任感，我还听到了许多人批判我是"市场原教旨主义者"。"批判的三大模式"——"反对一刀切式批判"、"贴标签式批判"和"只说永恒真理的批判"——如车轱辘一般轮番上阵。

在参议院特别委员会上的答辩时间也达到了80个小时。8月5日，委员会举行投票表决。在激烈的喝倒彩和怒吼声中，提交参议院审议的决定最终获得了通过。然而在8日下午举行的参议院全体会议的投票表决中，《邮政民营化法案》却未能通过。结果是108票赞成、125票反对。

在当天下午3点召开的临时内阁会议上，因为《邮政民营化法案》未能通过，小泉首相甚至表示，为了了解国民是否信任自己，将解散众议院，但是有3名内阁成员反对解散众议院。根据《日本国宪法》第66条规定，"内阁行使行政权,对国会共同负责",全体内阁成员都发表了自己的观点。在这样的特殊情况下,最后只有农林水产大臣岛村宜伸一人坚持反对解散众议院。一个半小时后,小泉首相罢免了岛村大臣,自己兼任农林水产大臣,使内阁会议通过了解散众议院的决定。这就是被称为"邮政解散"的事件。

在当天夜间召开的记者招待会上,小泉首相说了这样一番话:

"《邮政民营化法案》虽然被参议院否决了,但我还是想听听国民的意见,真的不要实行邮政民营化吗?如果国民反对,我就辞职。"

自民党获压倒性胜利,法案通过

8月30日,第44届众议院议员总选举的消息正式公布。自民党在各个选区均特意推举了赞成邮政民营化的人作为候选人,这一情况被媒体嘲讽为"刺客"。然而,媒体兴致勃勃的议论反而提高了国民对邮政民营化改革的关注度。

9月11日的投票日上,自民党大获全胜,获得296票。加上公明党的选票,联合执政党共计获得327张选票,超过全部议会席位的2/3。

众议院议员总选举结束后,第163届国会于9月21日启动。《邮政民营化法案》被重新交给国会审议,并在10月11日召开的众议院全体会议上以338票赞成、138票反对的巨大优势顺利获得通过,在参议院会议上也以134票赞成、100票反对的结果获得通过。10月14日,《邮政民营化法案》正式成为《邮政民营化法》。法案仅有一处修改点,即因为通过时间比预定延迟,民营化的启动日期由2007年4月延后半年,改为了10月。

在10月20日的《小泉内阁电子邮件杂志》中，小泉首相如是写道：

在我就任内阁总理大臣以前，国会的各个党派都把邮政民营化视作"胡言乱语"。但我始终坚信，总有一天，邮政民营化将不再被当作"胡言乱语"，而是"有识之见"。在过去这段时间里，我们翻山越岭，甚至一度跌落至谷底，但所幸国民又把我们拉了上来。一度死去的法案之所以能够获得新生，并奇迹般地成功立法，这一切都是支持小泉内阁结构改革的全体国民的功劳，我向他们表示衷心的感谢。

就这样，日本邮政集团株式会社于2007年10月正式成立。

邮政民营化的制度设计

在了解了《邮政民营化法案》制定并获通过的上述过程之后，在本章最后，我想简单地探讨以下两点。

第一，在内容方面，邮政民营化改革对制定者政策理论水平的要求极高，这是因为制度设计的难度很大。邮政组织原本就是一个复杂而又怪异的机构，它将公共性很强的邮政服务和市场性很强的金融服务捆绑在了同一个屋檐下同时提供。也正因为此，即使是以专家自居的那些人，在讨论邮政民营化问题的时候也只能就局部问题发表观点或提出批评，几乎没有人能提出该如何全盘统筹整个邮政体系的改革蓝图。

第二，从政治观点出发，多数国会议员内心其实是不赞成邮政民营化的。在这样的情况下，要在国会通过《邮政民营化法案》显然不是一件轻松的事情。后来，我们通过解散众议院、重新进行众议院大选、听取民意这样一种形式，才最终取得了成功。在这个过程中学到的经验，将为我们今后研究公共政策提供重要的参考。

从制度设计的难度问题说起。

正如前文所述，必须对邮政推行民营化这一结论，从经济政策的观点来看是极为正统的想法。我们很容易理解，如果不进行民营化改革，就很有可能会给国民造成沉重的负担。

但是一旦论及民营化的具体对策，社会上几乎没有什么有说服力的主张。在邮政民营化的制度设计上，我们并不是沿着某个专家指明的道路前进，而是必须从零开始，一步一步地将制度搭建起来。

回过头来看制度设计的关键之处，可以归结于这一点上。

让公共性很强的邮政业务和市场性很强的金融业务各自独立，是最为重要的。归根究底，民营化共有三种类型。

第一类是使其成为"特殊公司"，NTT[①]等就是典型的例子。这类公司是依据特殊法律建立的民营企业，目的是担负公共服务的职责。为了对这类公司进行担保，一般来说，其股票的1/3必须由政府长期持有。只要持有1/3的股份，政府就能阻止《日本商法》中特别决议（如修改公司章程等）的通过，保证公司继续维持公共性。第二类是人们通常所说的"民间法人"，农林中金[②]就属于这一类。这类公司有些特殊，它们虽然也是依据特殊的法律建立的民营企业，却没有政府持股。第三种模式则是"完全民营化"，也就

---

①   NTT是根据特殊法律《日本电信电话株式会社等相关的法律》设立的特殊公司，按照该法律规定，日本政府持有该公司1/3以上的股份。——译者注
②   即农林中央金库（Norinchukin Bank），成立于1923年，是一个半官方性质的金融机构，于1959年实现民营化。——译者注

是说，不是依据特殊的法律，而是依据《日本商法》（《日本公司法》）建立的普通的民营企业。

邮政民营化改革对邮政业务和金融业务（银行、保险）进行了明确的划分，接手邮政业务的公司为特殊公司，而接手金融业务的公司则彻底实行民营化。这样一来，既能保持邮政业务的公共服务属性，同时也明确了市场化程度较高的金融业务在未来将彻底从政府中分离的方针。但是，这些业务都是在邮局这一"连锁门店"开展的。正是基于这一状况，决策者最终在控股公司之下设立了"邮政事业"、"邮局"、"银行"、"人保"4家性质迥异的公司。

这一拆分遭到了强烈的反对，长期以来居住在同一屋檐下的家庭成员要分家，无疑会令很多人无法接受。与此同时，邮贮部门和邮政保险部门被拆分成一般的金融机构，也就意味着邮贮银行和邮政保险将作为普通的银行和保险公司，归入金融厅的管辖范围（适用《日本银行法》和《日本保险业法》）。以官场争权夺利的常识来看，这意味着难于登天的惊人之举。

但是，稍有常识的人都能明白，把银行业务和快递业务放在同一屋檐下（即同一家公司内）经营的状况显然才是不合常理的。

在金融业中，"风险规避"是世界通用的基本常识。这意味着在重视风险管理的金融业里，如果公司的其他业务（如快递业务）出现赤字，管理者就会担心这是否会导致金融的稳定性受到损害。正因如此，没有一家银行会兼营快递业务等其他业务。

从这层意义上说，这次制度设计也是在把世界通用的常识引入邮政业务。

关于邮政民营化的五条经验

从政治的角度来看，邮政改革无疑是在反对势力的包围中取得突破的一场改革。无论是在执政党自民党中，还是在最大的在野党民主党中，多数政治家都不赞成推行邮政民营化。至少在最初的阶段，他们对此都不是积极支持的姿态。

对于自民党来说，邮政公社的特定邮局局长①长期以来都是重要的选举机器。在参议院比例区选举②中，邮政公社的推荐人往往都能当选为国会议员。而在众议院、参议院选举的各个选区中，由于邮政公社在各地都有据点，且每个局长都牢牢扎根本地，因此也都拥有极为重要的影响力。另一方面，对于在野党来说，邮政公社也拥有日本首屈一指的庞大工会，是一股极为重要的力量。

邮政民营化之所以在政界遭遇到如此强大的阻力，除了上述理由之外，还在于"民营化"这个概念本身就容易引发广泛的不安，特别是来自地方上的忧虑。20世纪80年代，国有铁道在实行民营化后运费停止上涨，服务质量提升，使舆论对民营化给予了相当高的评价。然而在地方上，由于本地线路停运和车站无人化管理等情况的出现，却可以听到许多不满的声音。在

---

① 发起设立于1953年，邮政民营化后于2008年更名为"全国邮局局长会"。"特定邮局"是邮局分类的一种，占全部邮局总数的3/4。——译者注
② 日本参议院选举采取以都道府县为单位的选举区制和以全国为单位的比例代表制混合制。其中比例代表制由选民对各政党投票，并根据得票数比例在政党之间分配议席。——译者注

邮政民营化的问题上，地方上的反对声也在永田町①产生了回音。

即使处于这样的情况中，邮政民营化最终还是成功实现了。在本章的最后，我想论述一下这背后的五条经验。

第一，最主要的原因在于有一位拥有强大领导力的领导人。小泉首相断然宣告"我是为实现邮政民营化而当首相的"，而且他的领导力一直都是强有力的。在这里我不打算赘述首相那些不为人知的故事，但是他罢免背地里搞反对动作的总务省干部等事例，充分展示了他作为领袖的改革热情。

第二，要适当安排实施政策的顺序。小泉内阁在推进结构改革时，首先进行的是被动型改革，即处理不良债权。这是为了将处于危机状态的日本经济拉回到正常轨道上，是一项十万火急的课题。通过注入公共资金等手段缓解了不良债权问题后，小泉首相又雷厉风行地做出了邮政民营化的改革指示。由此也可以感受到小泉首相作为一国领袖的非凡见识。

假如顺序颠倒，在日本经济仍陷于危机状态时就急着推进邮政民营化改革，国民就不会那么支持这项以打造"小政府"为目的的大刀阔斧的改革了。

第三，在邮政民营化过程中，政策的决定过程与一般的决策过程迥然不同。一般情况下，邮政改革应该在负责邮政的总务省的管辖下推进，例如，道路公团民营化改革②就是在其管辖部门国土交通省的管理下实施的。但是，像邮政民营化这样触发根本性改变的大胆的制度改革，如果交给管辖

① 日本东京都千代田区南端的地名，国会议事堂、总理大臣官邸（日本首相府）、众参两议院议长公邸、自由民主党本部、民主党本部等的所在地，是日本国家政治的中枢地区。通常用以代指日本中央政府。——译者注
② 日本道路公团存在于2005年9月30日前，是主要负责收费道路建设和管理的特殊法人。2005年10月1日起被分割和民营化。——译者注

部门全权负责是绝对不可能实现的。想让那些一边与既得利益者进行利害关系调整，一边行使行政职能的官员们来完成根本性的制度改革，纯属天方夜谭。

在邮政民营化改革中，我吸取了之前道路公团民营化改革的经验，向小泉首相提出一切事务均由首相直接管辖。具体来说就是，民营化的基本方针由首相担任议长的经济财政咨问会议来制定；在内阁官房新设邮政民营化准备室，由该室依据基本方针来进行制度设计和起草法案；在应对国会的负责人（即国会答辩的负责人）人选方面，首相没有任用总务大臣（过去的邮政大臣），而是特别任命了邮政民营化担当大臣负责此事。正因为此，如此大刀阔斧的制度设计才能最终成为现实。

第四点与金融改革的经验相同，即从"战略存在于细节处"的观点出发，反复地进行详细的讨论。其中的一个例子就是围绕邮局设置标准的讨论。

基于国有铁道民营化的教训，反对邮政民营化的派系反反复复提出的一点是担心民营化后邮政变得一心追求盈利，结果导致地方上的邮局被关闭。诚然，维持适当的邮局数量是维持普遍服务的必要前提，所以我们原本也计划要制定"邮局设置标准"。然而，那些反对派为了遵循特定邮局局长会的意愿，故意主张要完完全全地保留现有的邮局，这样一来就谈不上什么改革了。我们固然要充分考虑人口过疏地区的情况，但是另一方面，大城市里有许多效率低下、数量过剩的邮局网点，削减不必要的网点、提升网点的效率，对于经营来说完全是一项必要的措施。

但是，反对派紧抓原先设置标准中记载的"在全国普遍设立"这一措辞不放，于是我们提议，将措辞改为"以全国普遍利用为宗旨"。我们认为，这样一来就既能维持全国的服务水平，同时经营者也可以根据自己的判断，合理设定网点数量了。不必采用"在全国普遍设立"这样的措辞，只要有"全国普遍"这四个字在，反对派就偃旗息鼓了。这正是所谓的"战略存在于细节处"。

邮政民营化的最后一条经验是，切实意识到设定"战略议程"的重要性。众所周知，邮政民营化最终得以实现，是因为得到了国民的支持。具体来说，就是通过在2005年解散众议院、重新举行大选（即"邮政选举"），使国民中的压倒性多数开始支持邮政民营化。

毕竟，在民主主义社会里，决定政策的终极力量是国民。然而，每天忙于日常生活的国民不可能整天思考国家政策问题。所以由领袖先提议"要这样做"，再问国民究竟是赞成还是反对，便是今天的民主主义做法，即"领袖民主主义"。

既然如此，就要求领袖要高举能唤起国民关注的政策"菜单"，而这种唤起国民关注的东西正是"战略议程"。

在邮政民营化讨论之初，多数反对派政治家和多数在媒体上露面的评论家都批评小泉首相，他们主张，比起邮政民营化，国民更希望出台与日常生活关系紧密的政策项目。然而，2005年的选举结果证明这样的批评完全是错误的，邮政民营化无疑是一项出色的"战略议程"。

在"领袖民主主义"下，领袖能否找到与改革直接挂钩的"战略议程"，将对政权的走向起到决定性作用，进而也决定着日本经济的未来走向。

第七章

与反对势力战斗

——经济财政咨问会议的职能

闘う経済学
未来をつくる「公共政策論」入門

本章关键词

首相官邸主导；经济财政咨问会议；税制调查会

《骨太方针》篇幅的内涵

2007年6月发表的《骨太方针2007》同前5次的《骨太方针》相比，篇幅大幅度增加，达到了55页。而我最早撰写的《骨太方针2001》为37页，最短的《骨太方针2004》为30页。2001年至2005年间的《骨太方针》平均为37页，2007年版本的篇幅约为它的1.5倍。

这一超乎寻常的长篇幅正体现了《骨太方针2007》的特点——它并非自上而下起草，而是由下至上，将各省厅上交的文案归纳整合而成，因此篇幅被拉长了。对于撰写方来说，这样的篇幅可能相当有成就感，但阅读方却可能因此而丧失阅读欲望。

我认为，小泉内阁之后的决策过程的方式正集中体现在《骨太方针》的篇幅上。

在小泉内阁主政时期，为了实现官邸主导型决策过程，充分发挥了"经济财政咨问会议"的作用。而在成立于2006年秋的安倍晋三内阁执政期间，经济财政咨问会议却受到了来自政府及执政党内部的猛烈抨击。直至

2007年8月的参议院选举导致执政党与在野党换位，首相官邸主导型的决策过程前提终于崩溃，因为官邸主导是以执政党占据参众两院绝对多数席位为前提、来保证对政府的政治领导力的。

小泉内阁时期曾经由经济财政咨问会议负责的官邸主导型决策过程，随着现如今政治形势的变化，也发生了巨大的变化。但是在小泉内阁主政的5年间，经济财政咨问会议在决策过程中占据了重要地位，这是不可否认的事实。

作为决定《骨太方针》的场所，人们对于经济财政咨问会议说法不一，对于其意义、目的及实际展开的决策过程，也少有定论。

经济财政咨问会议的特性

经济财政咨问会议为2001年1月中央省厅调整时所设，是桥本内阁主政时期行政改革的成果。在内阁府的官方主页上，对于这一会议有如下简洁的说明：

经济财政咨问会议是由内阁府设立的合议制机构，目的是能充分反映有识之士对经济财政政策的意见，并充分发挥内阁总理大臣的领导力。

这段话的重点在于"充分发挥内阁总理大臣的领导力"。也就是说，不需交由霞关的官员们负责，而是由日本的政治首脑和行政机关首脑——内阁总理大臣，在决策过程中发挥领导力。

正如前面所提到的，现代的民主主义社会大多是"领袖民主主义"。

在当今社会，"全民决策"是很难付诸现实的，于是在许多发达国家都是由首相或总统等政治领袖负责向国民推出各种政策。换言之，国民委托领导人进行政策提案，对于领导人提出的政策，例如邮政民营化、行政改革、地方分权改革等，国民通过选举、舆论调查等途径表达其赞成或反对的意见。

但在日本，人们长期以来一直认为普通民众难以轻易接触到领导人，于是民间时常呼吁实行改革，使民意能直达领导人，这被称为是政治主导型或者首相官邸主导型的决策过程，但实质上就是让内阁总理大臣充分发挥其领导力。

另一个重点是，在进行政策论证时，"充分反映有识之士对经济财政政策的意见"，这也就意味着要听取民间有识之士的意见。考虑到与政策有关联的政治家和政府官员都有从各自立场出发的特殊的利害关系，所以我们需要听取与这些利害关系无关的人的意见。

经济财政咨问会议的成员

由于具有这样的特性，经济财政咨问会议的结构大体如下。

首先，由内阁总理大臣担任议长。虽然在政府内部有很多重要的审议会（如税制调查会、社会保障审议会等），但是由首相担任议长的机构除此之外也较为少有。这里是首相作为议长进行政策审议的地方，是保证官邸主导型决策过程的关键。

其次，成员数量限制在11人以内。除首相之外，内阁官房长官及经济财政政策担当大臣是必备成员。除了这3人之外，没有明确规定其他的参会成员身份。

　　根据《内阁法》第12条规定，内阁官房是对"与内阁重要政策相关的基本方针"、"与阁议相关的重要事项"以及"行政各部门的施政统一"等事务进行企划、立案与综合调整的重要机构。内阁官房长官作为该机构的负责人，起到了管理约束全部阁僚的作用。因此，将内阁官房长官定为经济财政咨问会议的成员是理所应当的。

　　同样，经济财政政策担当大臣作为涉及相关具体事务的人，被定为固定成员也是必需的。但是其他大臣并没有被规定为该会议的固定成员，而是由议长也就是首相决定。自森喜朗内阁主政时期，也就是2001年（平成13年）1月以来的一个惯例是，在内阁成员中，必须要有财务大臣、经济产业大臣和总务大臣。

　　《内阁法》第2条规定由内阁总理大臣任命国务大臣[①]，阁员通常维持在14名，但"有特殊情形时，最多可增加3名，以17人为限"。而经济财政咨问会议则规定，依据议题不同，其他国务大臣可作为"临时议员"参会。

　　另一项重要的规定是民间顾问必须占会议成员的四成以上，即至少要有5人。到目前为止，这些人由两名经济界人士、两名学者（通常这4人被称为民间议员）和日本银行总裁构成（图7-1）。

[①]　日本内阁成员的正式名称，简称"大臣"，一般也称为"阁僚"或"阁员"。——译者注

	内阁总理大臣	内阁官房长官	经济财政政策担当大臣	总务大臣	财务大臣	经济产业大臣	日本银行总裁	民间学者
第二次森喜朗内阁改造内阁（中央省厅调整后）（2001.1.6—）	森喜朗	福田康夫	额贺福志郎　麻生太郎（2001.1.23—）	片山虎之助	宫泽喜一	平沼赳夫	速水优	
小泉内阁（2001.4.26—）	小泉纯一郎		竹中平藏		盐川正郎			牛尾治朗　奥田硕·本间正明　吉川洋
小泉内阁第一改造内阁（2002.9.30—）							福井俊彦（2003.3.25—）	
小泉内阁第二改造内阁（2003.9.22—）								
第二次小泉内阁（2003.11.19—）		细田博之（2003.5.7—）		麻生太郎	谷垣祯一	中川昭一		
第二次小泉内阁改造内阁（2004.9.27—）								
第三次小泉内阁（2005.9.21—）								
第三次小泉内阁改造内阁（2005.10.31—）		安倍晋三	与谢野馨	竹中平藏		二阶俊博		
安倍内阁（2006.9.26—）	安倍晋三	盐崎恭久	大田弘子	菅义伟	尾身幸次	甘利明		伊藤隆敏　丹羽宇一郎　御手洗富士夫　八代尚宏
安倍内阁改造内阁（2007.8.27—）		与谢野馨			额贺福志郎			
福田内阁（2007.9.26—）	福田康夫	町村信孝		增田宽也				

图7-1 经济财政咨问会议议员的变迁

会议席序

经济财政咨问会议多在首相官邸四楼的大会议室举行。由于车库在三层，所以议员们还要乘坐手扶电梯再上一层进入大会议室。

房间的正中央摆放一张大会议桌，总理大臣坐在正面中央，官房长官坐在其右手边，经济财政政策大臣坐在其左手边，担任会议主持。官房长官的右侧坐的是财务大臣，经济财政政策担当大臣左侧坐的是经济产业大臣。4位民间议员坐在会议桌另一侧，日银总裁和总务大臣坐在总理大臣右手边的座位上，他们的对面是临时议员的座位。例如，在进行有关社会保障的讨论时，厚生劳动大臣就会坐在这里；在进行与创新相关的讨论时，也有相关的大臣坐于此。

首相以外的议员全部就座后，首相官邸的新闻负责人便会宣布媒体进场。于是各新闻媒体的摄影师入场，在民间议员的后面布置好机器等待首相入场。首相进入房屋就座的瞬间，闪光灯闪烁，整个房间里都是快门的声音，拍摄时间约为1分钟。媒体退场后，会议正式开始。

经济财政咨问会议每年召开30～40次，为便于理解，在对外国人解释时，通常会说成是"首相参加时间最长的会议"。在身为议长的首相面前，各位成员以首相为主导，进行政策探讨论证。在会议上，民间的有识人士可以提出政策问题，并大胆地参政议政。经济财政咨问会议就是这样一种机制。

《骨太方针》的决定过程

经济财政咨问会议最重要的工作之一，就是在每年6月时确定《骨太方针》。这是在2001年4月小泉内阁成立的同时所规定的工作。

虽然"骨太方针"这个词现在看来似乎已是顺理成章，但仔细想来，这却是一个不可思议的词。事实上，它原本是一个带有负面意义的词。

经济财政咨问会议是2001年1月中央省厅调整时成立的，是桥本行政改革的成果。虽然成立时人们对它寄予了厚望，但在森喜朗内阁主政时期，它并没有发挥重要的作用。直到2001年4月小泉内阁成立后，经济财政咨问会议才登上了决策过程的舞台。

在我就任经济财政政策担当大臣、负责经济财政咨问会议时，该会议只有一个事项是明确的——制定"框架性的"（骨太）方针。据说，因为当时的财务大臣宫泽喜一不想给予经济财政咨问会议太多的权限，因此使用了"骨太"一词以试图进行限制。

在2001年2月27日森喜朗内阁举行的经济财政咨问会议上，财务大臣宫泽喜一提出："请各位集中提出框架性的问题，这些问题将引导预算编制的进行。"接着，他和民间议员对于民间议员提交的资料（《经济财政运营课题的具体解决方案》），又发生了以下的对话：

宫泽议员："对于平成14年（2002年）《预算大纲》的讨论和决定，很难有确定的规模和金额。"

民间议员："这个《预算大纲》是首相在制定新一年预算时的重要参考。在此阶段确定金额等，意味着必须要参考今后的经济形势，但并不是说要在现阶段有确定的数字。"

官泽议员："将政府支出项目和规模写入大纲是不可能的。请各位做的只是收集和提出框架性的问题，并引导预算制定而已。"

民间议员："你所谓的框架性方针的定位，是指针对各省厅面临的问题建立一个整体框架，然后交给财务省，由财务省来划分给各省厅分担审核吗？"

官泽议员："正是如此。"

换言之，当时的财务省认为，预算编制权全权掌握在自己部门内，他们并不希望由首相担任议长的经济财政咨问会议把持政策决定的主导权。为了表达这种要求和牵制会议，作为财务省代表的宫泽表示："请各位进行框架性的讨论吧，具体的事情请交给财务省全权负责；各位仅需高屋建瓴地在国家的层面进行议论就足够了。请讨论框架性的内容，制定框架性的方针。"

在听到宫泽这样的发言后，经济财政咨问会议确定了只制定框架性的《骨太方针》。

《骨太方针2001》顺利获得阁议通过

所以，当时人们虽然决定制定《骨太方针》，但是只考虑框架，并不涉及具体内容。2001年4月小泉内阁成立之时，《骨太方针》的制定已经朝着这个方向启动了。

但我在5月初的长假后与小泉首相进行了商谈，决定改变这一局面。虽然该方针里几乎没有任何确定性的内容，但至少在政府内部，对制定《骨太方针》已达成了共识。因此，我们决定将该方针的内容，从原本计划的泛泛而谈的东西改为切实指明结构改革方向的"罗盘针"。

约一个半月之后，初版《骨太方针》制定完成。不可思议的是，该方针在内阁的最高决策机构阁议上顺利通过了。通过阁议就意味着《骨太方针》成了内阁的正式方针，更重要的是，这意味着它通过了进入阁议决定前的先行程序，已经取得了执政党自民党与公明党的认可。

当今日本实行的政治制度是三权分立制。行政机关由各个政府机关构成，而其核心便是内阁，承担行政职能；国会由众议院与参议院构成，负责立法。政党的职能是统领经选举选出的参众两院国会议员。

说到底，议院内阁制的本质是众议院占多数席位的政党来组成内阁的制度。它的最基本规则是：在总选举中胜出、成为最大党的执政党总裁担任内阁总理大臣，负责组建内阁。也就是说，执政党的党首担任行政机关的首脑，即内阁总理大臣一职。

在这里，人们经常会使用一个关键词——"党政一体"，这是指政府（内阁）与执政党统一，两者保持一致。为此，在进入内阁的最高决策机关阁议之前，《骨太方针》必须在执政党的最高决策机关——"自民党总务会"及"公明党总务会"获得通过。

更具体点说就是，在经济财政咨问会议上决定的《骨太方针》在进行阁议前，必须先获得总务会的同意。不过，《骨太方针2001》出人意料地顺利通过了决议议程，其原因很可能是因为无论是永田町的政治家还是霞关的官员，当时都还没有完全理解制定《骨太方针》的实际意义。而且由于当年7

月将举行参议院选举，所以他们不希望发生较大的争执。

《骨太方针2002》和《骨太方针2003》

《骨太方针2002》就没有如此顺利了，因为政治家与官员都开始认识到，《骨太方针》的内容将影响到之后的预算制定。例如，一旦《骨太方针》中出现削减公共事业的语句，就等于是执政党的决定，于是编制预算时相关的金额很可能会遭到削减。因此，执政党中便出现了希望避免出现任何此类表述的意见。

这导致我在制定《骨太方针2002》期间被3次召至自民党总务会，将负责方针制定的担当大臣召至总务会，是非常罕见的事。

而到制定《骨太方针2003》时，情况进一步发生了变化——上一年还对此表示极力反对的执政党，开始积极推动《骨太方针》的制定了。他们的思路是：如果没有被写入《骨太方针》，则没有预算；写入《骨太方针》，就能编制预算；因此，写入《骨太方针》是相当重要的。从第一年的"不懂"到第二年的"敌视"，再到第三年起"无论如何都要参与"，执政党的态度发生了巨大的变化。

如此，政策决定过程如生物一般不断演化。虽然在媒体的报道中，《骨太方针》俨然是一个已经定型的政策过程，但很少有政策的决策步骤是长年不变的。政府的决策步骤年年都有变化，而《骨太方针》及经济财政咨问会议的定位也在逐年变化。

虽然经济财政咨问会议的职能与政策过程在不断发生变化，但是它至少确定了非常重要的一件事——创设了在首相面前定期议政的机会。除去暑假、元旦休假以及首相外出时间之外，该会议基本上以每周1次、每年约30次、每次一个半小时的频率和长度，在首相面前进行政策讨论，并向所有国民公开会议记录，这可以说是史无前例的。

打破了政策讨论的垄断

经济财政咨问会议通过其独特的决策过程，实现了以下特殊功能。

首先，它打破了政策讨论的垄断。具体来说，例如，它进行了此前由税制调查会垄断的税率调整讨论。

"税"对于国民来说是最重要的问题之一，税率调整往往直接影响到选举结果，所以在政策讨论时，人们往往将其视为相当敏感的问题。此前，对于税的讨论往往处于税制调查会的强力控制下。税制调查会包括政府税制调查会（"政府税调"）与自民党税制调查会（"党税调"），其中"党税调"更是掌握着很大的权力。税务当局以往并不认可政府其他机构进行的与税制相关的探讨，但经济财政咨问会议打破了这种垄断壁垒。

经济财政咨问会议对于税制的探讨始于2002年。从2001年的秋季开始，我每周都去拜访小泉首相，向他陈述在经济财政咨问会议上探讨税制的必要性。我的大意如下：

不论是20世纪80年代的美国总统里根，还是英国首相撒切尔夫人，其政策的核心都是税制改革。他们通过大幅削减公共财政的负担来提高经济的竞争力，为整体经济注入活力。

从这层意义上来说，小泉改革的核心也应是税制改革。然而在现在的日本，与税制相关的讨论都由税制调查委员会垄断，几乎没有人对此进行政策论争。此前，对税制方面的讨论多是作为行业和利益团体之间进行微妙的政治调整而展开的。我们不能继续这样下去了，应当在公开的场合——经济财政咨问会议上，对税制应有的形式进行思考和探讨。

但是，此举遭到了财务省的极力反对。当时的财务大臣也坚持财务省的一贯立场，三番五次声明反对。对此，我与4名民间议员联合，极力主张税制改革的必要性。小泉首相早已完全看清了该问题的重点，他以"将在经济财政咨问会议上进行讨论"一言定下乾坤。

将原本由税制调查会垄断的税制讨论挪到经济财政咨问会议上，是一个重大的进步，此举打破了政策论争的壁垒。不过，还有另一项重要的程序，需要小泉首相亲自出马。他拜访了当时被称为"党政调"首脑的山中贞则先生，亲自对其陈述了在经济财政咨问会议上讨论税制的意义。在打破壁垒的同时，此举也不会破坏一直以来政府与执政党的关系，让人深切感受到政治的现实性。

跨越阻隔的讨论平台

第二个特殊功能是打破了中央省厅之间的权限阻隔，实现了由首相主导组织分析讨论，其中的典型例子就是对邮政民营化改革的探讨。通常想来，既然是邮政改革，就应该由其监管部门——原邮政省现总务省进行讨论，但邮政民营化改革的基本方针是在经济财政咨问会议上，而不是总务省的委员会上进行的。原因是，总务省本身一直反对邮政民营化，因为一旦实行改革，它的权限将被大大削弱，这些官员自然不愿缩小自身的权力。

因此，邮政民营化的相关讨论被放到了首相直接领导的经济财政咨问会议上，而非处在反对立场的有关部门进行。这几乎是史无前例的事，之所以能成功，究其原因正是因为有这样一个能够发挥首相领导力的平台的存在。

与此形成鲜明对比的则是在国土交通省进行的道路公团民营化的讨论。虽然道路公团民营化改革讨论时的委员会由第三方构成，但其事务局在实质上却是由国土交通省组成的，而国土交通省对这项改革持反对意见，这导致在道路公团名民营化改革的讨论过程中争执异常激烈。

还有一个案例虽然并不如邮政民营化这般广为人知，但它也是跨越当局权限，被放在经济财政咨问会议上进行探讨的改革之一，那就是政府金融机构的改革。

其实有传闻称，在进行政府金融机构改革之际，当时的小泉首相与前首相桥本之间发生过相当激烈的争论。小泉首相希望在进行邮政民营化改革的同时对政府金融机构进行改革，因为进入邮政系统的相当部分资金来自于政策投资银行与住宅金融公库等政府金融机构，小泉首相希望改变这些公共资金的流向。而前首相桥本则认为，当时民间的银行机构还不能很好地发挥职能，因此必须让国民生活金融公库、中小企业金融公库等政府金融机构发挥出作用才行，所以他竭力反对改革。

2002年举行的"小泉—桥本会谈"中，两人发生了非常激烈的争论。最终，主张必须立即改革的小泉首相与坚持改革不能操之过急的桥本前首相在一点上达成了一致，即将此问题放到经济财政咨问会议上讨论。我并不知道桥本前首相做出如此考虑的用意，可能是因为经济财政咨问会议是在其亲自领导下创立的机构。

就这样，政府金融机构改革的基本方针讨论也被放到了经济财政咨问会议上。最终，会议制定出的基本方针为，对于8家政府金融机构，将其中2家民营化，将剩下的6家合并为1家。之所以能够实现这样大刀阔斧的改革，是因为有经济财政咨问会议这样一个平台存在，它实现了在首相面前让民间议员积极参与、公开讨论为国为民的政策，而非进行利益调整。

可惜的是，在此之后，经济财政咨问会议并没能持续发挥如此巨大的作用。

跨省厅的横向讨论

第三个特殊功能为跨越省厅的横向讨论。众所周知，日本的行政机关部门是纵向行政[①]的。这种布局并非不可以，但也说明了各省厅内部只能进行相关领域的政策讨论。

然而，有些问题必须进行跨省厅的横向讨论才能得以解决，例如，由经济财政咨问会议推进的地方财政"三位一体改革"。

地方财政的结构非常复杂，其中涉及多个省厅的利害关系，而希望将这些利害关系进行统一调整的，就是"三位一体改革"。具体的改革措施如第六章中所述，包括削减从国家向地方支出的辅助金（辅助金改革），将这一

---

① 又称上下级行政。横向关系薄弱，只靠命令系统，实行上下监督的集权性的行政。——译者注

部分资金改为通过税金直接交给地方政府（税源转移），并综合以上两部分进行的地方交付税改革。

由于辅助金的削减会直接缩小相关中央省厅的权限，因此遭到了绝大多数机关的反对。由中央省厅负责发放辅助金，其手上才有权限，削减辅助金也就削减了它们所支配的权限。

而税源转移改革则遭到了财务省的反对，因为财务省的权限来自于对全部国税收入进行再分配。此外，为了避免地方财政水平悬殊，辅助金削减与税源转移都需要调整地方交付税的比例，这会触及地方交付税体系，因此受到了管理该体系的总务省的反对。

总而言之，拥有辅助金支配权的各省厅、财务省和总务省，内心都对地方财政改革持反对立场。因此，将这样的改革交给纵向行政的机关部门根本就难以实现。这一跨越省厅的地方财政改革，交给任何一个行政部门都是绝无可行性的。因此以经济财政咨问会议为平台，以首相为中心，各大臣进行商议——依靠这样的形式，"三位一体改革"的讨论才成为可能。

实际上，当时出席经济财政咨问会议的所有大臣都持反对意见。例如，财务大臣表示国税减少将给国家造成困境；总务大臣表示交付税的比例组成非常复杂，并非可以轻易改变；经济产业大臣则称，辅助金减少将影响中小企业的振兴发展。但是另一方面，民间议员则强调地方财政改革的必要性。最后还是小泉首相一锤定音，明确表示要实行地方财政改革。就这样，通过小泉首相领导的跨省厅的政策讨论，在他强大的领导力作用下，终于顺利实现了"三位一体改革"。

经济财政咨问会议讨论的局限性

当然，经济财政咨问会议并非万能，也有其局限性——在这个场合，我们可以讨论概要性的方针，但难以实现对详细的法律草案的讨论。换言之，虽然该会议可以制定出政策的大方向，但是在将这项政策变成法律草案的阶段，还是需要由各省厅进行制度设计与法案制定，在这一阶段，经济财政咨问会议的参与度是非常有限的。

例如，虽然在经济财政咨问会议上确定了邮政民营化的基本方针，但是对于相关法律草案的制定却毫无涉及。这样一来，由哪个部门制定相关法律法规也就成了相当重要的问题，若是由总务省来制定，则最终成果可能会偏向于总务省。为避免此种情况的出现，最后又在内阁官房内建立了邮政民营化准备室，进行具体的制度设计及法律条文的制定。

不良债权问题也有同样的麻烦。在经济财政咨问会议上，人们虽然讨论得出不良债权处理的重要性，但是对于具体的处理方式，却并未进行任何探讨。因为只有分管的相关部门（日本金融厅）才了解金融业的实际情况，也只有金融担当大臣才能看到金融厅进行的金融机构调查结果，这是财务大臣与经济财政政策担当大臣都无法看到、知道的内容。这也正是"当局"一词的意义所在。

因此，经济财政咨问会议虽然讨论了不良债权处理的重要性和基本方向，但是对于具体的制度设计却完全没有触及。总而言之，经济财政咨问会议虽然在不良债权处理问题上发挥了重要的作用，但也只是在有限的范围内而已。

2007年开始，在经济财政咨问会议上，由政府部门提出的提案数量明显多于由民间议员提出的提案数量。这证明了经济财政咨问会议这个平台开始从发挥首相政治领导力的场所，变成了和霞关一样自下而上进行决策的场所。

政策决定的过程，正可谓像生物般一直在演化。

第八章

与千变万化的政治战斗

——政策过程

闘う経済学
未来をつくる「公共政策論」入門

本章关键词
内阁和阁僚；国会的权限；"族"议员和官员

内阁和《内阁府设置法》

在公共政策论的最后，我将结合我自身的经验来讨论这样一个问题——政策决策是如何进行的。

行政机关一般被称为"政府"，根据《日本国宪法》第65条规定，行政权属于内阁。换言之，政府的主体是内阁。

内阁由内阁总理大臣和国务大臣组成，各大臣分管各省厅的行政事务，具体内容在各省厅的设置法中均有规定。为避免行政混乱，高效地处理行政事务，设置法中就各省厅应负责的行政事务内容和权限做了严密规定。这也导致了日本的行政被人批评是"纵向行政"。

2001年日本进行中央省厅重组时，增设了内阁府[①]。内阁府同直接辅佐和协助内阁总理大臣的机构——内阁官房一起，共同承担内阁庶务、内阁重要政策的企划立案、综合调整以及信息的调查收集等职能。《内阁府设置法》第18条这样规定：

对于重要政策，为了实现各行政部门的统一施政，必须进行必要的企划

---

① 内阁府为2001年1月6日正式改组，其前身为1949年成立的总理府。 ——译者注

立案、综合调整，因此以内阁总理大臣或内阁官房长官为首，以相关大臣及专家学者协商的方式，建立了负责对相关事务进行处理的机构（"重要政策相关会议"）。

换言之，这个"重要政策相关会议"（经济财政咨问会议及综合科学技术会议）是为了避免纵向行政带来的弊端，让内阁总理大臣可以横向发挥全局性的领导力而设置的。

日本阁僚人数处于平均水平

"阁僚"一词在英语中为"Minister"，词源是"Mini"（"小"），即"扮演小角色的人物"。由此可见，掌管整个国家的是总统或首相，而阁僚（Minister）只负责其中的一部分。

阁僚给人一种拥有很大权力的印象，但事实上，其权力只存在于特定的范围内。但日语中的"大臣"原本确实拥有非常大的权力，因为大和朝廷①时代"大臣"②的职能是辅佐大君即天皇，此后才演化为现在"大臣"（Daijin）的发音。

那么，阁僚的权限究竟是如英语词源中表明的那么微小，还是像日语中显示的如此广大？这绝对是个深奥的问题。以我在小泉首相手下5年的工作经验来看，我觉得"Minister"这一英语词汇和"大臣"这一日语词汇，共同巧妙地解释了阁僚的权限。

① 曾存在于大和地区（奈良地方）的日本第一个统一政权。——译者注
② 日文读法："ooomi"，大和朝廷中管理国政的最高官员之一，大化革新后废止。——译者注

日本阁僚的人数由《内阁法》规定。《内阁法》第1条第2款规定："内阁行使行政权，对代表全国人民的议员组成的国会共同负责。"其中的关键词"对国会共同负责"，是对《日本国宪法》中第66条"内阁行使行政权，对国会共同负责"这一表述的重复。

重要的是《内阁法》第2条的规定："内阁由根据国会提名任命的首长——内阁总理大臣，及由内阁总理大臣任命的国务大臣组成。"也就是说，内阁总理大臣任命阁僚（国务大臣），与其共同组成内阁。而《日本国宪法》第68条明确规定："内阁总理大臣任命国务大臣。但其中半数以上人员必须从国会议员中选出。"

此外，《内阁法》中关于阁僚人数做了以下规定："国务大臣人数在14人以内。有特殊情形时，最多可增加3名，以17人为限。"

该规定非常重要，它对内阁人数有了一个弹性限制。通常，内阁由内阁总理大臣和14名阁僚组成，但在特殊情况下最多可增加3人。补充一下，从1999年（平成11年）《内阁法》修正至今（2008年1月），阁僚人数均为17人，包括总理大臣在内共18人。

这个人数看起来似乎很多，但实际上不少阁僚不得不兼管多项职责，这说明依靠18人来担负所有职能是非常费力的工作。其实在1999年《内阁法》修正前，日本的阁僚人数有21人。

让我们来比较一下几个主要国家的阁僚人数。美国人数较少，为12人，而加拿大较多，有27人。英国、法国、德国、意大利、俄罗斯和韩国分别为22人、15人、16人、25人、22人、21人。可见日本阁僚人数相比之下虽然较少，但也不属于特别少的范畴。

内阁权力和国会关系

《内阁法》第4条规定，"内阁通过阁议行使职权"，明确规定阁议是内阁的最高决策机关。其中第2款又规定，"内阁总理大臣可对内阁重要政策的基本方针和其他案件进行提案"，明确了内阁总理大臣拥有提案权。

《内阁法》第5条规定："内阁总理大臣代表内阁，向国会提出法案、预算案和其他议案，并向国会报告一般国务及外交相关事务。"换言之，内阁总理大臣代表整个内阁，而内阁又对国会共同负责。

《日本国宪法》第68条第2款规定，"内阁总理大臣可任意罢免国务大臣"。可见内阁总理大臣拥有国务大臣的任命权和罢免权，在内阁中拥有极大的权力。

内阁拥有的另一项重要权力是《日本国宪法》第86条规定的"内阁编造每一会计年度的预算必须向国会提出，经其审议通过"。也就是说，所有政策都以预算的形式被表现出来，而有权制定预算案并提交国会的是内阁。简单地说，不管国会召集200名还是300名国会议员自己制定各项国家预算案，最后向国会提交他们的权力都不在国会议员手中。

当然，预算案要获得通过和执行，必须经国会审议。《日本国宪法》规定，"处理国家财政的权限，必须根据国会的决议行使之"（第83条），"国家费用的支出，或国家负担债务，必须根据国会决议"（第85条）。

那么，内阁拥有编制预算的权力意味着什么呢？事实上，编制预算的部门是财务省，所以实际上拥有该权力的是财务省。虽然有很多声音批评财务省和财务官员的权力过大，但这都是《日本国宪法》赋予的权力。

再次强调，编制预算案并提交国会的权力归内阁所有。国会议员可以对此提出修正案，但并没有提交预算案的权力。在日本宪法中，预算被定位在一个特殊的位置上。

"纵向行政大臣"和"横向行政大臣"

我认为，大臣（阁僚）其实可以分为"纵向行政大臣"和"横向行政大臣"两种。这两种大臣的工作性质截然不同。

"纵向行政大臣"是指那些各部门的《内阁府设置法》中规定称为"长"的大臣，即总务省、法务省、外务省、财务省、文部科学省、厚生劳动省、农林水产省、经济产业省、国土交通省、环境省、防卫省的大臣。正如前文所述，日本各省厅分管的工作都根据《内阁府设置法》进行了详细的纵向划分，在这种纵向行政中居领导地位的就是各省的大臣，即这里所谓的"纵向行政大臣"。

另一方面，政府也设有负责处理跨省厅横向事务的大臣。例如，经济财政政策担当大臣是为协调内阁府、财务省、经济产业省等各省的工作而设置的职位；行政改革担当大臣的性质也与之相同，他们都是担任所谓横向事务工作的大臣，所以称为"横向行政大臣"。

"纵向行政大臣"和"横向行政大臣"的实际权力大不相同。根据各省的设置法所设置的各省厅在相应领域中拥有很大的权限，而站在这种权力顶峰的大臣（"纵向行政大臣"）虽然权力范围有局限性，影响的深度却很大。与之相对，"横向行政大臣"专门负责对自己所管辖部门和人之间进行调整，所以直接权限非常有限。

此外，工作人员人数也有所不同。例如，总务省和国土交通省各有5000人，而经济财政政策担当的人员只有200～300人，行政改革担当的人员则不超过100人。顺便说一下，总务省在成立邮政公社前曾是一个拥有30万名邮局员工的庞大部门。可见同样是大臣，可能是5000人的领导，也可能只是100人的领导。

从结论上来说，"横向行政大臣"的工作非常困难。因为"纵向行政大臣"是各省厅的维护者，他们使协调各省厅的"横向行政大臣"工作变得非常困难。在这种情况下，"横向行政大臣"不得不对规则进行统一，这就会成为非常费时费力的工作。因此，如果"横向行政大臣"不直接依靠内阁的领导者内阁总理大臣的权力，与其同心协力共同工作，将很难做出成绩。

无论哪种类型，阁僚在特定范围内都拥有很大权限，人事权也是其中之一。为了达成自己的使命，阁僚还必须与其他官员保持良好的关系。但是，只要愿意承担小小的风险，就能将相当有难度的政策变为现实。可惜很多大臣为了规避风险，不愿意做出如此的决断。很遗憾，这也正是目前内阁的现状。

阁议是流于形式吗

内阁的最高决策机关是内阁会议，由内阁总理大臣主持。预算案和法案等均要在阁议决定后，由内阁总理大臣代表内阁向国会提交。

阁议例会于每周二、周五上午举行，由内阁官房长官主持。发生特殊情况时，可随时召开临时阁议。

人们一般认为，日本的决策过程是官员主导型的。确实，很多会议必须有官员出席，而且首相和大臣的发言稿大多是由官员准备的。但阁议的参会成员除内阁总理大臣和各大臣外，只限3名内阁官房副长官和内阁法制局长官参加。3名内阁官房副长官分别是负责政务的众议院议员、负责政务的参议院议员和事务担当，而事务担当的内阁官房副长官大多都由曾经任官员的人担当。

阁议开始前，大臣们聚集在会客室等待内阁总理大臣。大臣根据从政资历依序就座，资历较老的坐在总理大臣左侧，其次是右侧，依次类推。

电视中经常会出现大臣们在阁僚会客室中以首相为中心，呈U字形就座的画面。会客室地板上铺有红色底色的波纹绒毯，三面墙则是由杉木和日本扁柏堆叠而成的层叠墙。

记者进入会客室，阁僚们在其中进行一番畅谈后，会再次进入里间专为阁议准备的阁议室。阁议室采用的是挑高的层高，四面墙壁顶部倾斜向中间聚拢，灯光从中间圆筒形凹陷处照射下来。

阁议室中间放置着一张直径为5.2米的圆形会议桌，从内阁总理大臣的位置可以透过玻璃窗看见外面用假山装饰的庭院。

阁议桌的座位顺序是事先规定好的，1号是总务省，2号是法务省，3号是外务省……所以，首相的左侧邻座是官房长官，1号（即总务大臣）坐在总理大臣的右侧邻座，2号（即法务大臣）坐在官房长官的左侧，1号的右侧是3号（即外务大臣）……依次类推。我最后担当的职位是总务大臣，所以当时内阁会议上坐在首相小泉纯一郎和外务大臣麻生太郎中间。

内阁会议上，当内阁官房长官大声朗读审议项目时，大臣们就会传阅批文，而拿着批文在阁僚座位间来回走动传递是官房副长官的职责。安倍晋三①在就任首相前是官房副长官，就曾负责过这苦差事。各大臣需在传阅的批文上用毛笔签字，所以阁僚面前的桌子上都准备着砚台和磨好的墨。有时大臣们必须裁决20多份法律文件，所以这时的阁议仿佛是在进行"书法练习"。

阁议通常会在10～15分钟里结束，因此有人批评说阁议只是一种形式。但阁议本身就是进行最后授权的场所，所以走形式是理所当然的。如果有人质疑阁议所做的决定有问题，倒不如质疑审议案在提交阁议前是否进行过实质性的探讨。

阁议由官房长官负责宣告结束，随后便是召开阁僚恳谈会。各大臣会在恳谈会上进行自由讨论，然后召开记者招待会。

议院内阁制和党政一体

日本的政体是议院内阁制。

《日本国宪法》第67条规定，"内阁总理大臣经国会决议在国会议员中提名"。一般来说，国会议员都从属于某个政党，而国会决议采取少数服从多数。因此，《日本国宪法》的这一规定实质上意味着占众议院多数席位的政党（第一大执政党）的党魁将被提名为内阁总理大臣。

占国会多数席位的执政党党魁成为内阁总理大臣，是顺理成章的一件

---

① 这里指的是他在2006年9月第一次任日本首相前。——译者注

事，而这也正是议院内阁制最重要的特点。这表明，由第一大执政党的国会议员组成内阁，就是所谓的政府（内阁）和执政党一体。

党政一体意味着什么呢？其意味着，内阁的最高决策机关阁议所决定的所有内容必须先征得执政党的同意。所有法案和预算案在提交阁议前，都已经得到了执政党的认可。议院内阁制的本质就在于此。

在此，我以自民党为例，就党的组织结构进行简单介绍。

自民党的党魁被称为总裁。由于党的总裁也是政府机关的首脑（即内阁总理大臣），所以他基本不在总裁办公室。作为自民党二把手的干事长对总裁不在期间的重要党务进行决策，从党政一体的角度来看，自民党干事长其实就是日本政治的二把手。

自民党内有多个组织，其中最重要的是总务会和政务调查会（政调会）。干事长、总务会长和政调会长是党的三大要职，被称为政务三役。

部会是"族"的根据地？

在提交阁议前征得执政党同意的过程中，政调会长和总务会发挥着重大作用。政务调查会下有几个部会，大致与各省厅相对应。例如，对应内阁府的为内阁部会，对应经济产业省的是经济产业部会。以部会长为首的部会干部往往被所谓的"族"议员所占据。

由于国会议员可以加入任何部会，因此也有人称"自民党是一个开放的政党"，事实也许的确如此。但从另一个角度来看，自民党作为一个组织，其决策体系是非常模糊的。这就好比在一家公司里，若职员想去哪个部门就去哪个部门，财务部也好，销售部、企划部也好，想做什么工作就做什么工作，那么这根本就是乱来。

自民党就是这样一个体系，所以，其中时而会发生有特殊利害关系的人出现在某个部会并施压的情况。虽然这些人不一定能成为部会中有实权的人，但可以参加部会并发表意见。

行政机关的官员一边与部会干部商量，一边进行政策立案。这样的情况说得难听点，就是官员和"族"议员沆瀣一气；说得好听点，是官员和"族"议员频繁进行协商。在纵向行政的体制中由各省厅制定法案，所以各省厅官员会就此和相应的党部会会长商议，并经过部会审议。在部会中通过的法案最终会移交到政调会，在政调会上通过后再被提交到自民党的最高决策机关总务会上征求意见。

政府提出的包括预算案在内的所有法案，在审议会上讨论并与其他相关省厅周旋的同时，各省厅还会经过"本局草案拟定→文书部门→大臣官房①→省务会议→内阁参事官室②→事务次官③会议"这一系列流程，加以巩固，然后提交阁议。与此同时，还会与部会会长及干部协商，在总务会中同步进行疏通。

在大多数情况下，部会会长或部会干部与相关的业界有很深的交情。因此，他们往往会成为保护既得利益者的保守派，即"抵抗势力"。当然，其中也不全是这样的人，但目前直接涉及既得利益的改革确实很难获得推进。

---

① 日本在各省厅设置的部门，负责大臣的秘书事务以及和其他部门统一处理和协调的事务。——译者注

② 在内阁官房从事法律立案或政策审议等事务的部门。——译者注

③ 相当于部长助理，是负责协助国务大臣整理省务、厅务、监督内部各部局事务的国家公务员。各省厅各设一人。——译者注

如果要打开这种局面，推进改革，则不仅要和各省厅，还要和执政党的部会"作战"。例如，在推行邮政民营化改革之际，我多次被传唤到政调会和总务会，遭遇胁迫。但如果不经过这一流程，任何法案都无法通过。正如我的同事庆应义塾大学教授曾根泰教（政治学）所指出的，在"55年体制"①中一直使用、已成为固定模式的决策过程，在"55年体制"崩溃后依然存在。

批评这样的政策决策过程是非常简单的事，但真正要将其废除并制定新程序，则需要相当强大的领导能力。

此外，部会和总务会召开会议时不对媒体公开，被拦在会议室门口的记者为了了解会议内容，只能紧贴墙壁靠偷听来获取信息，那副情景正可谓是"隔墙有耳"。记者们将听到的模糊不清的片段拼凑组合，就出现了诸如"本日或已在部会中做出了如是决定"的新闻。

《邮政民营化法案》和总务会决定

不过，也有像《邮政民营化法案》这样无视上述程序就做出政策决策的案例。当时小泉首相的想法是，即使破坏了党政一体的规则，也要推进邮政民营化改革。因为部会的"族"议员们根本不可能赞成邮政民营化，而他们不把法案提交给政调会和总务会，法案就无法在总务会获得通过。

另一方面，政府内部的邮政民营化准备室已经起草了相关法案，当时小

---

① 指日本政坛1955年出现的一种体制。政党格局长期维持执政党自由民主党与在野党日本社会党的两党政治格局。一般认为该体制结束于1993年。——译者注

泉首相似乎已经下定决心，即使得不到党内同意，也要将该法案提交给阁议审议，这在日本政治历史上是史无前例的。

这样的消息当然会走漏风声。于是传言四起，总务会警告称，"不会让你们触碰邮政一根汗毛"。甚至有议员担心"如果这样下去，自民党岂不是会四分五裂"。

迄今为止，总务会都是通过全体一致赞成的方式做出决定的，这不是明文规定而是传统。但在邮政民营化改革的过程中，这种传统土崩瓦解。由于反对邮政民营化的议员直到最后都持反对态度，当时的总务会会长久间章生决定不再拘泥于"全体一致"原则，而是采取了"多数通过"的方式。

从这件事中我们也能发现，决策过程时而会发生微妙的变革。《邮政民营化法案》虽然在众议院获得了通过，但在参议院表决中却因108票赞成、125票反对的结果而被否决。当天下午，小泉首相召开临时阁议，表示："《邮政民营化法案》被否决，为了确认国民对政府是否依然信赖，我准备解散众议院。"

《日本国宪法》第7条规定，"天皇根据内阁的建议与承认，为国民行使下列有关国事的行为"，其中举出了公布《日本国宪法》修订、法律、政令及条约，召集国会，解散众议院等。换言之，解散众议院是天皇的职权，内阁只能在阁议时决定是否对解散进行"建议和认可"。

阁议决定的原则是"全会一致"，因为《日本国宪法》第66条规定内阁总理大臣和其他国务大臣组成的内阁"对国会共同负责"。曾经也发生过几位首相在政策决策陷入僵局时提出解散众议院的情况，但却因有大臣反对而不得不无奈地断除这一念头，且最终以"总辞职"①收场。

在"邮政解散事件"中，当时的农林水产大臣自始至终都持反对意见。但小泉首相并不认为只有放弃解散这一种途径，他采取了罢免农林水产大臣，然后由自己兼任的方法。因为《日本国宪法》第68条规定，"内阁总理大臣可任意罢免国务大臣"。

这条规定的意义非常重大，它意味着内阁总理大臣只要有意解散众院，即可实现。举个极端的例子，即使所有大臣都反对解散，内阁总理大臣也可以罢免所有大臣，由自己兼任全部空缺职位，然后召开阁议做出解散众院的阁议决议。当然，这是一个极端的例子，不过这种做法至少打破了以往必须全体一致通过的传统，具有非常重要的意义。从这个例子中我们也可以看到，决策过程像生物一样在不断演化。

"二干二政"和不良债权处理

几乎没有一个案例是不需经过部会讨论、提交政调会、由总务会批示这一自下而上型党政一体决策过程的。但在"部会→政调会→总务会"这一传统的过程中，当执政党担心党内辩论将陷入大混乱时，便会采取"二干二政"的方式。"二干二政"是指联合政权的自民党和公明党两位干事长和两位政调会长直接做出决定，即干事长和政调会长采取自上而下的方式，直接做出决策。

事实上，通过不良债权处理政策时便采取了这种特殊方式。不良债权处

①　指日本内阁总理大臣和国务大臣一起辞职。——译者注

理可以说是小泉首相对公众做出的一个承诺，他抱着无论如何都必须完成的政治信念，由干事长和政调会长承担风险，跳过了由下至上的决策流程。

由于当时是自民党、公明党和保守党三党联合执政，所以应该称为"三干三政"。可以预见，一旦将不良债权处理改革政策提交至金融部会，必然会招致反对。因为金融部会中有势力的议员多少都和银行、证券公司有关联，所以他们必然会反对可能对银行、证券公司造成不利的政策。在这种情况下，如果采取传统的自下而上型决策过程，必然会造成大混乱，弄不好甚至会发展成"倒阁"运动。

因此"三干三政"的会晤必须秘密进行，一旦被部会的议员们发现，他们就会闹事，抗议没有表达意见的场所。

2002年10月28日清晨，在东京赤坂的王子酒店举行了"三干三政"会晤。因为该酒店有很多入口，所以可以避开众人耳目集合。出席者包括自民党的干事长、政调会长，公明党的干事长、政调会长，保守党的干事长、政调会长，还有我。

会议上，参会成员就《金融再生计划》特别是递延税款借项处理问题，出现了极大分歧。我原以为讨论会不了了之，但就在即将散会时，山崎拓①干事长悄悄地对我说："既然召开'三干三政'会晤，就表示无论如何到最后肯定是要统一意见。"并鼓励我说："我也是真心要促成此事，所以竹中先生你也要加油。"

不能再让不良债权问题复杂化，任其影响政局了，必须要由执政党干部们承担起使意见达成一致的责任。在接下来29日、30日连续进行"三干三政"

---

① 时任自民党干事长，后又升任为自民党副总裁。——译者注

会晤后，《金融再生计划》终于朝着达成共识的方向发展了。

"二干二政"是非常时期采取的决策体系，并非一种常态。除了这种方法外，有时也会由总务会作为党的领袖来统一意见。

如此看来，党政一体体系除了人们通常认为的刻板的一面外，有时也会放弃"全体一致"原则，以党干部承担责任统一意见的方式进行决策，在实际操作中可以说是随机应变的，这就是实际政策决策过程中较有趣的地方，但在某种意义上讲也是政党难以对付之处。我觉得很有意思的一点是，为了拿出某个解决方案，大家会开动脑筋想出很多聪明点子，一步步改变由下至上型的决策过程。

此外，为了实现党政一体的决策过程，还有一个被称为"政府执政党联络协议会"的组织在发挥作用。这是为在较高层面上统一政府和执政党对政策全局方向的意见而举行的会议，每月在首相官邸举行一次。

会议的参加人员包括政府方面的内阁总理大臣和官房长官、主要的大臣，以及执政党方面的自民党干事长和政调会长，公明党代表和政调会长和国会对策委员长等，共计20人左右。大家一边享用午餐一边交换意见，所说的内容不是针对具体政策，而是关于政策全局。这其实就是一次日本政治高层汇聚一堂，在和政府共享信息的同时确定政策决策过程的基本框架的会晤。

例如，执政党方面会说，这个法案特别重要，我们作为执政党会尽力，所以请首相也要努力等；而政府方面的人会表示，希望各位协助我们通过预算等。有时还会互相打探是否有延长国会会期的意向。

行政过程中国会议员发表意见的平台

所有法律都必须通过议会才能最终决定。《日本国宪法》第41条规定，"国会是国家的最高权力机关，是国家唯一的立法机关"，所以国会议员的本职工作是制定法律。英语中"Legislate"是制定法律之意，议会的议员被称为"Legislator"。

在美国，以提案议员的名字命名的法律并不少见。例如，美国规定银行和证券分家的1933年《银行法》，因由众议院议员卡特·格拉斯和亨利·斯蒂格尔提出，而被称为《格拉斯—斯蒂格尔法案》；1970年的《防止大气污染法》就是众议院议员埃德蒙·马斯基的提案，因此被称为《马斯基法案》。所以人们一般认为，美国联邦议会议员的工作就是制定法律。但在日本，为制定法律而成为议员的人很少，有制定法案经验的国会议员也不多。

当然，也不是所有议员都是这样的。但这里为了让读者更容易理解，请容许我这样说，在党政一体的体制下，很多国会议员的目的是通过国家最高权力机关——国会，对行政施加影响。从这一点来看，议员们对行政机关所做的工作也许只能算是一种广义上的"调停"。总之，很多人之所以成为国会议员，就是因为在党政一体的制度下，进入议会这一最高国家权力机关就能与行政机关互为一体地开展工作。

不过，同是国会议员，众议院议员和参议院议员有所不同。第一，与众院议员相比，参院议员中的专家人数较多。从众院和参院各自的职能来分析，这样的安排是比较恰当的。

另一个重要的不同在于，参院议员中典型的"族"议员较多。这是因为参议院选举是按照比例代表制进行的。根据这种制度，虽然全日本国民即全国范围内都会参与投票，但在有限的选举时间内，候选人根本不可能进行全国巡回拉票。

所以要想在这种制度下当选，极端地说，要么是经常出现在电视上的艺人，要么是有全国性团体组织撑腰的人，而后者就是典型的"族"议员。例如，邮局等全国组织支持的议员或NTT这种大型机构的工会所推举的议员。

政府部门负责起草法律文案

日本的法律分为"内阁提出法案"（阁法）和"议员立法"两种。阁法也被称作政府提出法案，由依据《内阁设置法》设立的各省厅起草，然后由内阁提交至国会。目前，提交至国会的法案基本都是阁法。而议员立法是由国会议员提出的法案，国会议员可以向各自所属的议院（众议院或者参议院）提交法案。根据《国会法》第56条规定，在议员立法的情况下，法案在众议院需获20人以上、在参议院需获10人以上的议员赞成。如果是伴随预算方案的法案，在众议院需获50人以上、在参议院需获20人以上的议员支持。

严格地说，议员立法有时其实是由政府部门起草的。也许有人会问，如果是政府部门起草法律，不就和阁法一样了吗，为什么还需要分设议员立法呢？这个疑问确实合乎道理，但偶尔不得不采用议员立法的说法也是有理由的。

例如，为了处理社会保险厅丢失养老金数据问题[①]而出台"时效废止法案"[②]的情况。这是一部为了解决政府部门自身过失而制定的法案，如果作为阁法向国会提交，负责的大臣和相关省厅的干部必然会成为国会辩论时的众矢之的。为了避免这种情况发生，相关部门就"委托"国会议员进行议员立法。

这样的例子用霞关的"行话"来说叫作"请他们担起法案"，即政府部门草拟的法律以议员立法的形式提交，请议员代为阐述法案主旨，进行必要的答辩。"担起"这个词是一个非常日式的表达，其实就是国会议员担负起让政府部门起草的法案在国会通过的使命。

无论是阁法还是议员立法，在将法案提交国会前都必须通过法制局的审核。阁法由内阁法制局进行审核，而议员立法由参众两院的法制局进行审核。为了保证法律的一致性（Consistency），法制局会从技术层面对法案进行审核，包括法律的表达方式、与现行其他法律是否相互抵触等。

由此可见，法制局只检查法律在技术层面上的一致性，并不负责进行政策判断。表面上虽是这么说，但在实际操作中，法案的技术审核和内容判断未必能严格地区分开来，出现灰色地带的情况并不罕见。换句话说，法制局检查表面上是为了保证法律在技术层面上的一致性，但其实他们也会检查内容，如果不符合他们的要求，也可能不得不重新起草。

在政府部门中，有权起草法案的官员都拥有很大的权势。在民间的业

---

① 2007年，日本社会保险厅丢失了5000多万份养老金缴纳记录的事情败露。——译者注

② "取消养老金时效特例法案"的主要内容是取消养老金领取者的5年请求权时效，在查清养老金记录遗漏的情况下，全额补发养老金。——译者注

界人士看来，这些人往往是令人望而生畏的，但这些官员最害怕的也许正是"内阁法制局"。

"党议拘束"①这个麻烦玩意儿

政府和执政党达成一致后，法案便被提交至国会。国会中还包括了在野党，他们会共同审议法案。如果是阁法，由于议院内阁制要求政府和执政党意见一致，所以阁议通过的法案事先已经得到了总务会的认可，即使在野党在国会上持反对意见，但由于执政党占多数席位，所以根据少数服从多数原则，法案一定能获得通过。

正因为此，"党议拘束"才有了存在的必要。党议拘束是指执政党的议员必须赞成阁法，为什么要这样规定呢？因为政府提出的法案（阁法）是事先得到党的最高决策机关总务会批准的，这意味着其已经得到了全党的认可。

所以只要从属于该党，就得服从党内最高决策机关所做出的决定。这样看来，特意强调党议拘束似乎并没有必要，我们把它理解为所有阁法都不可或缺的部分也许更妥当。

但是，总有例外情形。例如，某人并非作为一名执政党议员而是作为一名国会议员，有其绝对无法妥协的信条，因此对某些法案绝对无法赞成——这样"单纯"的国会议员并不在少数。在这种情况下，他们不能投反对票但又无法赞同，于是就会在投票时缺席。

---

① 指根据政党的决议，约束党议员的表决活动，也称为"政党规律"。——译者注

　　当然，这些违反党议拘束的议员会遭到处罚。2003年（平成15年）1月制定的《自由民主党党规》第9条第3款明确规定，如果做出"违反党议的行为"，即"违反党大会、两院议员总会、总务会、众议院议员总会或参议院议员总会决定的行为"，将"予以处分"。处罚从轻到重，可分为"劝告遵守党规"、"警告"、"停止党内职务"、"劝告辞退国会及政府职务"、"不承认其选票"、"取消党员资格"、"劝告退党"、"除名"8个等级。

　　顺便说一下，其实《邮政民营化法案》便是已在党部会上得到批准的阁法遭到公开反对的典型案例，违反党议拘束的多名众议院议员受到了"不承认其选票"及"除名"的处分，这在议院内阁制中是前所未闻的事，至今仍让我记忆犹新。不过在之后几年内，被除名的议员基本上都陆续恢复了自民党党籍。

"国对委"是国会运营的关键

　　《日本国宪法》第42条规定："国会由众议院及参议院两议院构成之。"并规定允许法案可先提交至众议院或参议院任意一方。这表明，法案也可先提交至参议院而不是众议院。

　　但是，法律也规定了预算案必须先提交至众议院（《日本国宪法》第60条）。而且宪法规定，如果众议院已经通过的预算案在参议院遭到否决，两院将召开协商会进行协商。如果仍无法达成一致，或参议院收到众议院通过的预算后30日内未做出决议，众议院的决议即为国会决议。

但是无论哪种情况，正如《日本国宪法》第59条所规定的："凡法律案，除本宪法有特别规定者外，经两议院通过后即成为法律"。法律案只有获得众议院和参议院双方通过，才能成为法律。

那么，当众议院和参议院做出不同决议时该怎么办呢？《日本国宪法》第59条第2款规定："众议院已经通过而参议院做出不同决议的法律案，如经众议院出席议员2/3以上的多数再次通过，即成为法律。"另外，《日本国宪法》第59条第4款还规定："参议院接到已由众议院通过的法律案后，除国会休会期间不计外，如在60日内不做出决议，众议院可以认为此项法律案已被参议院否决。"

国会的会期、讨论方式、法案裁决等关于国会运营方面的具体内容，都由议院运营委员会（简称"议运"）来决定。而议院运营委员会的幕后，就是政党的重要组织——国会对策委员会（简称"国对委"）。

也就是说，执政党和在野党的国会对策委员会正是国会运营的作战总指挥部（Headquarter），国会的委员会——议院运营委员会按照其命令，负责国会的运营。从这层意义上来说，"国对委"委员长的作用非比寻常。

常任委员会和特别委员会

国会召开的会议包括全体大会和委员会，而各议院的委员会又分为常任委员会和特别委员会两种。常任委员会的职能是"审查所属部门的议案（包括决议案）及请愿等"（《国会法》第41条规定）。众议院和参议院各设有17个常任委员，分别为：

内阁委员会、总务委员会、法务委员会、外务委员会、财务金融委员会、文部科学委员会、厚生劳动委员会、农林水产委员会、经济产业委员会、国土交通委员会、环境委员会、安全保障委员会、国家基本政策委员会、预算委员会、决算行政监视委员会、议院运营委员会、惩罚委员会。

由此可见，常任委员会和各省厅的设置几乎一致，这也说明了党内也有与常任委员会相匹配的部会。部会干部会事先在国会疏通关系，这样一来，法案在常任委员会上即使遭到在野党反对，也能采取某种方式在国会通过。在各省厅看来，能帮助他们完成该使命的国会议员就是可靠而值得信赖的，这样，官员和党之间互帮互助的关系就形成了。

常任委员会有特定的例会日，一般来说每周召开2次例会，例如财务委员会的例会在周二和周五。反过来，例会日以外的时间通常不会召开常任委员会。这就导致了重要法案的审议时间根本来不及。于是《国会法》第45条做了如下规定：

"各议院为审理该院认为特别重要之案件，或超出常任委员会管辖范围之特定案件，可设立特别委员会。"

换言之，如果是有特殊必要或者有必须花费长时间进行审议的重要法案，议院可设置特别委员会。特别委员会最重要的意义在于没有例会日，每天都可以展开审议工作。此外，常任委员会规定相关省厅的担当大臣有义务出席会议，这条规定被称作是"捆绑式的"；而特别委员会举行会议时也可以要求相关的多名大臣必须出席。

全体大会和委员会的关系

在审议重要法案时，会先召开国会全体大会，在会场发言台上就法案主旨进行阐释说明，然后展开答辩。

全体大会讨论结束后，法案被交付给委员会，在委员会上进行讨论。委员会先选出执政党和在野党的理事，接着由委员长和理事负责组织召开理事会，决定会议召开的时间和答辩时间，并讨论执政党和在野党的提问时间分配、决定议事进程等。换言之，委员会基于民主主义精神，超越党派关系，通过协商来决定委员会的运作流程。这是议会政治的重要特征。

在大多数情况下，为了使法律获得通过，执政党会在很多方面对在野党做出让步。例如，当必须紧急审议通过某项法案时，执政党往往会放弃被分配到的提问时间，只由在野党提问。因此，大臣的答辩自然会偏向在野党提问的内容，与执政党议员辩论的机会减少，有时甚至到最后也不知道执政党议员持何种观点。

就这样，交付给委员会的法案会在委员会上进行表决，之后，委员长又将其带回到全体大会，就委员会的讨论时间和表决结果等进行汇报。在这个时候，法案只能算是通过了委员会的审查，最终决定还是要在全体大会上进行的。因此从理论上说，法案在委员会上通过后也可能在全体大会上被否决——在参议院进行的《邮政民营化法案》审议就是活生生的例子。

在常任委员会中，还有预算委员会这个特殊的委员会，必要时，总理大臣以下的所有大臣都有义务出席，因为所有法律都会牵涉到预算问题，所以预算委员会的特别之处在于任何问题都可以参与讨论。

虽然在其他任何委员会上并不允许进行与审议法案内容无关的提问，但在预算委员会上却什么问题都可以提问。所以，曝出议员丑闻的提问或提出爆炸性问题的提问基本上都发生在预算委员会的会场上。像辻元清美议员那样连呼"首相！首相！首相！"这种带表演性质的、似乎在电视上才会出现的镜头，基本也只能发生在预算委员会上。

国会审议流程

顺利通过预算委员会这一关，对于政府来说是一件大事。

《预算案》在每年1月底召开的国会例会上被提交，之后立即进入预算审议程序。如果在年度内（截至3月末）预算无法成立，就必须编制补正预算，这通常被认为是内阁的失职。所以，政府自然希望能使预算经过预算委员会的认真讨论，在年内成立，从下一年度的4月1日起毫无迟滞地实施新预算。为此，1月开始进入审议的《预算案》最迟要在3月初通过众议院审议。

《预算案》在通过众议院审议后又要被送至参议院，在参议院仍然有被否决的可能。但在这种情况下，由于《日本国宪法》规定以众议院的决定为优先，再加上预算审议在参议院可能进展得并不顺利，根据《日本国宪法》第60条规定的"在参议院接到众议院已经通过的《预算案》后，除国会休会期间外，在30日内仍不做出决议时，即以众议院的决议作为国会决议"来推算，3月1日是最后时限。这导致2月至3月成了执政党和在野党在国会的讨论进入白热化阶段。

对政府来说，一旦3月末《预算案》成立，就意味着已成功翻越了一个重要的山头。在国会例会会期（150天）剩下的时间内，政府会对其他个别法案进行审议。

日本每年有90～100部法案在国会例会上被审议，其中绝大多数会获得通过。审议100部法案是一项非常繁重的工作，所以被分配到法案的各委员会必须竭尽全力进行商讨。如果是重要法案，还会设置前文提到的特别委员会进行讨论。

延长国会会期需要高明的手腕

在国会审议中，执政党往往希望尽早使法案获得通过，但在野党却相反，希望尽可能推迟通过时间。当审议时间不足时，就不得不延长国会会期。《国会法》第12条规定："只要众议院和参议院一致同意，国会会期就可以延长。"

在2007年的国会例会上，虽然重要法案的审议被延误，但由于7月将举行参议院选举，所以大家都觉得会期不会延长。但临近结束时，当时的首相安倍晋三却突然宣布延长会期。为了使《国家公务员法（修正案）》获得通过，也为了妥善处理好社会保险厅的问题，安倍以自己的意志推动了延长会期的决定。

但国会延期导致了参议院选举日程被迫推迟。在7月22日举行选举原本已是一个不成文的规定，但由于国会会期延长了一周，选举被推迟到了7月29日。

由于会期延长是临时做出的决定，造成了事务处理方面的极度混乱。例如，地方上的选举管理委员会所做的准备如预定投票场地等，都是以7月22日进行选举为前提的。由于选举被迫推迟一周，造成当地原本定于7月29日举行的地方性活动（例如妈妈排球赛等）不得不被取消，这导致一部分人对国会延期进行了严厉批评。

其实，宣布延长国会会期的时间点本来就很难掌控。如果会前就宣布延长，在野党就很容易算上延期时间，故意拖延审议。这样一来无论会期延长多久，法案都将难以获得通过。因此，人们不得不找到一个绝妙的最后时间点来宣布。

此外，判断要延长多久也是一个难题。因为《国会法》第12条第2款规定："关于国会延期，国会例会时只能延长一次，特别会议及临时会议时不得超过两次。"安倍首相那次延期的是国会例会，因此只有一次机会。如果他决定将会期延长两周，但两周后仍无法通过法案，那么就没法再延长了。

特别是，在选举年延长国会会期是非常少见的。因为有种迷信的说法称，若选举年延长国会会期，则执政党必然会在那届选举中败选。事实上，这样的事例确实发生过3次，2007年的参议院选举结果的确也是自民党大败，民主党大胜，获得了参议院中过半数的席位。

国会议员的免责特权

国会议员被赋予了三大特权。

第一项被称为"岁费特权"，包含每月津贴（130.1万日元）、文书通信交通住宿费（月额100万日元，无须缴税）、JR^①和私铁^②的特殊乘车券及机票等，这些均在《关于国会议员的岁费、差旅费以及补助等的法律》中有明确规定。此外，议员们还可以以非常便宜的价格入住市区黄金地段的议员宿舍，这已经成了众矢之的，想必读者们都已经有所了解。

第二项是"不逮捕特权"。《日本国宪法》第50条规定："除法律规定外，两议院议员在国会开会期间不受逮捕。开会期前被逮捕的议员，如其所属议院提出要求，必须在开会期间予以释放。"同样的内容在《国会法》第33条中也有提及："除在议院外违法犯罪时被当场逮捕外，国会会议期间，如没有所属议院的批准，不可逮捕各议院议员。"

第三项是"免责特权"，即"两议院议员在议院中所作之演说、讨论或表决，在院外不得追究其责任"（《日本国宪法》第51条）。换言之，议员在国会内外的言行可以免于一切民事诉讼。当然，《国会法》也规定了"不得在议院内使用不文明语言，或评论他人的私生活"（第119条），以及"在议院会议或委员会上，遭受侮辱的议员可以向议院申诉，要求对行为人予以处分"（第120条）。但事实上，一些在平时生活中完全可以被界定为诽谤的言行，在国会中大肆横行。

例如，国会议员在国会对他人点名批评，而其言论完全达到了诽谤的程度，但当事人却无法对其提出控告。

关于此事，我有亲身体会。某在野党议员曾发言称："竹中正在做不正当的勾当。"尽管他说的不是事实，我却无法控告他诽谤，就是因为国会议

---

① 日本铁路公司的简称。——译者注
② 除国有铁路和地方公共团体铁路之外，仅由私营企业运营的铁路、地铁等。——译者注

员有"免责特权"。

设"免责特权"的本来目的是为了保护言论自由，保证在国会中议员们可以自由审议，因为如果议员必须对言论承担责任，会妨碍他们进行自由的辩论。

但是，部分议员显然是在滥用这种特权，甚至发生了一些滥用特权的议员和部分媒体同流合污的事件，以下这个例子就是证据之一。

首先，某周刊杂志以"莫非A大臣正在做这种勾当？"为题，发表了一篇文章。由于使用"正在做这种勾当"这种肯定的表述形式会构成诽谤，所以杂志采用疑问句来提出问题。看到这篇报道后，某国会议员就在国会讨论时以断定的口吻称："A大臣正在做这种勾当！"因为议员拥有"免责特权"，所以即使他采用肯定语句，其他人也无法以诽谤罪追究其责任。于是，下一周的杂志上就刊登了"上周本杂志指出的问题在国会上也被提及"的报道。这完全就是一出自编自演的戏。

其实对商业领域而言也是一样，虽然应该减少限制，使其自由发展，但正因为有更大的自由，才更要求自律。

国会议员的"免责特权"是为保证言论自由而拥有的重要权利，但我想，正因为有自由，才必须自律。

强行裁决是常用手段

就如之前所提到的，国会决议是以少数服从多数的方式决定的，但决议通过的关键在于委员会上的讨论。委员长和理事掌握着委员会讨论的关键，而理事主要来自于各执政党和在野党的首席理事。当委员会的讨论陷入僵局时，首席理事之间就必须通过讨论打破僵局，最后由委员长进行裁决。

但有时首席理事之间也会无法达成一致意见。例如，在野党说"应该继续进行委员会答辩"，而执政党说"辩论已经足够充分了，我们必须得出一个结论。结束讨论，进行裁决吧"。当执政党希望做出裁决而在野党与其意见相反，无法达成一致时，委员长就要凭借特权进行裁决了，这即所谓的"强行裁决"。当然，如果担任委员长的不是执政党议员，他也不可能同意强行裁决。

这意味着什么呢？它首先说明，选举中少数服从多数的形式是非常重要的。因为委员长的职位是根据议会席位数量进行分配的，所以政党需要确保能在主要的委员会上拥有足够的席位数，以使自己人坐上委员长的位置。可以夸张地说，是执政党还是在野党占据主要委员会委员长的位置，对法案能否通过有着巨大的影响。另外，由于委员长并不参加投票，因此能否获得除委员长外的多数席位，也是至关重要的。

日本的审议时间超长

新加坡总理李显龙在担任财政部长时，曾和我谈到过日本国会的状况。

当时我提到："我们几乎每天都要在国会上耗几个小时。"李总理露出诧异的表情，反问道："新加坡的内阁成员虽然会被国会传唤，但每个月只要去2～3次就可以了。那日本阁僚什么时间来处理政策上的工作呢？"

遗憾的是，没有任何实证研究比较过各国总理大臣（首相）和内阁成员在工作时间分配上的不同。但据我所知，与其他国家相比，日本国会的审议时间相当长，阁僚被束缚在国会上的时间也特别长。

例如，2006年的国会例会从1月20日进行到6月18日，众议院的全体会议举行了50个小时，委员会上又总计进行了430个小时的审议，大臣们不得不就议员关于法律的细枝末节的提问进行答辩。保证这一切顺利进行的是官员，因为他们会对提问做出预测，并准备好回答。所以，如果大臣不能和官员保持良好的关系，政策等就几乎不可能顺利通过国会审议。

换言之，几乎所有阁僚都对国会答辩感到颇有压力，担心自己坚持不下去。经常有人批评大臣不该对官员唯命是从，但大臣这样做的最大原因就在于国会审议。为了应对国会上的严峻形势，大臣们对官员的依赖性不知不觉就加强了。

因此，如果不改变现行的国会体系，大臣们就很难取得主导地位。虽然国会是政治讨论的场所，但审议时间过长，造成大臣们耗在上面的时间过长，就会出现作为政治家首脑的阁僚们反而依赖于官员的状况。这着实是一个极具讽刺意味的现实。

政策通过用时为两年

最后，我想聊一聊政策通过在用时方面的相关问题。

在议院内阁制中，由于党政一体，阁议决定前必须要先得到自民党最高决策机关总务会的批准。这是日本政策决策过程的关键，但在实际操作时也因此而比较耗时。

因为从程序上说，首先要确定法案的基本方针，取得执政党的同意，并把具体的制度设计成形，这就是法案。此后，在取得执政党同意的同时，还必须使法案在国会上获得通过。

因为必须经过这一过程，所以要使一项法案获得通过，通常至少需要两年时间。

在提出基本方针时，提案人就必须一边听取各方意见，一边在执政党内部进行疏通。基本方针确立后，将其变为法案还需要经历一个技术过程。在法案制定阶段，要通过内阁法制局这一关，其手续繁复，并非一件易事，所以仅此也许就要花费一年。

接下来就需在国会上讨论了。在会议上进行主旨阐述后，还要在委员会上进行审议裁决，最后在全体大会上做决定。

从最近的例子来看，内阁改造大多于9月进行。而国会例会在1月末召开，所以9月上任的大臣几乎不可能在短短几个月的时间里考虑并起草新法案，然后在1月召开的国会例会上提交。因此，即使有新大臣上任，提出新法案一般也要等到下一年国会召开之际。这就是一项政策要花上两年时间才能获得通过的原因。

令人感到遗憾的是，日本的大臣任期很难满两年。在过去10年中，担任阁僚中最重要位置之一的财务大臣之职的就有7人之多。也就是说，平均每位财务大臣的任期不过1.4年。日本最庞大的政府机构国土交通省的大臣在10年里换了9个人，平均每人任期只有1.1年。

如此看来，要制定一项通过时长为两年的政策是极其困难的。于是，大臣们就采取了在1年任期内尽量听从政府机构要求、但求平安无事度过就好的态度。这也和政府机构那种"像对待特殊客户一样，让大臣们心情愉快地来、心情愉快地回"的想法相吻合。这也是为什么日本阁僚很难拥有巨大政治影响力的原因之一。

要改变这样的状况，极其困难。

批评这种现状很容易，但要打破现状，却需要相当大的热情。如果没有"特别"的首相，其手下没有几名"特别"的大臣，就很难对日本的政策过程进行改革。

但如果不进行这样的改革，堆积如山的日本政策问题就无法得到建设性的解决。

与权力战斗

——改革的战术和领袖的条件

闘う経済学
未来をつくる「公共政策論」入門

本章关键词

重视过程；批判的三种模式；前首相小泉纯一郎

"失去的十年"在于企业经营的失败

经济、政治以及政策决策过程就如同有生命的个体一样，时刻都在变化着。在眼下这个瞬间，它们也发生着变化，未来也会一直变化下去。不仅如此，社会上还充斥着各种各样的信息，存在着许许多多的观念。

但是，如果我们被社会变化和各种各样的信息所迷惑，就会对小至一个企业的日常经营、大至一国的经济政策运行，产生错误的判断。

举个例子来说，造成20世纪90年代日本经济停滞的本质原因在于国家资产重估问题。现在，这个道理已经可以用经济学的实证分析法和间接证据得出了，并且只要是具备一定见识、洞察力和判断力的人，即使是在当时，根据实际的经济状况应该也能感受到。也就是说，发现经济停滞的原因在于资产重估问题，并不是一个那么困难的判断。然而在当时，不仅政府，连整个社会都做出了错误的判断，没有实施金融系统改革，而是一味地采取了扩张性的财政政策。

追根究底，导致"失去的十年"的背景原因在于企业经营的失败。虽然政策失误也造成了恶化范围进一步扩大的情况，但是从泡沫时期因错误判断了本质而造成问题恶化这一层面来说，其正是企业经营的失败。

产生大量的不良债权，是银行等金融机构经营者们的失败，至少从最根本上来说是如此。银行对利润率不断下降的房地产业和建筑行业持续放贷，最终扩大了不良债权的缺口。

对于把利润最大化作为目标的企业来说，对利润率下降的企业持续放贷是一件不可思议的事。当时的银行经营者大概认为，只要假以时日，房地产市场就会复苏吧。这明显是个错误的想法，直接导致了经营决策的失误。

不良债权问题既是错误判断了经济恶化本质所造成的失败，也是纵容这一错误的企业和整个社会管理的失败，因为正是不良的社会管理导致了不良债权问题。而如今，不良债权问题虽然已经得到了解决，但是我们却不能断言不良的社会管理问题已经被完全消除。历史多少会起到一定的借鉴作用，所以完全相同的事情或许不会再次发生，但是如果继续沿袭和以前一样的管理方式，类似的事情也许还会再发生。

战略存在于细节处

无论是在政治领域还是企业经营领域，都存在着大量做出了错误判断的案例。如果任凭那些做出错误判断的人进行政治判断和经营判断，经济和企业都会滑向危险的深渊。从这层意义上来说，我们一定要培养自己洞察事物本质的能力。

同时，另一个重要的问题是，即使我们能够找出最理想的答案，仅仅一个答案也是没有任何作用的。无论描绘的蓝图是多么理想，如果不对包含实现过程在内的细节进行战略思考，它就无法成为政策理论。也就是说，政策进入到实施阶段后，如果不能根据实际情况随机应变地调整其实施过程，政策理论是没有任何意义的。

在学者和专家中，有相当一部分人只会空谈理想。可是无论怎样大谈理想，这些空谈也是几乎不可能与现实中的政策联系起来的。在政府召开的审议会上，常常会有很多专家高谈自己一贯主张的理想，但政策制定者们十分清楚那些理想是不可能真正实现的。因此，他们在听完专家的言论后，往往送上一句"感谢赐教，今后也希望听到您的高见，多谢指导，感激不尽"，此后就没了下文。

打个比方，这就像有人说100公里外有一个乌托邦，鼓动我们朝那里前进，但大家并不觉得有前去的必要；但是，如果有人告诉我们在1米外触手可及的地方就有一个让社会变得更好的线索，相信大家都会跃跃欲试。用这个比喻是想说明，我们不能只重视理想，还要重视政策实现的过程。

那么为了实现政策目标，有哪些条件是必需的呢？改革的原动力是什么呢？参照我自己过去的经验，我想列举这两个条件：一是领导人的激情；二是实现政策的战略。

首先，无论是经营企业还是从政，要想实现改革，领导人的激情都是极为重要的因素。即使是管理一个小团体或组织，如果领导人不具备"我要把这件事做成"这样强烈的意愿，任何改革都将无法实现。从这层意义上讲，领导人必须时刻满怀激情。

但是另一方面，如果不关注细节之处，也是无法做成大事的。例如在处理不良债权这件事上，只要能够洞察事物的本质，宣布要着手处理不良债权本身并不难，难的是在具体操作中要通过什么方式来处理相应的问题。

比如，必须切实做好资产评估，而这也是一件说起来容易做起来难的事。要完成这件事，要做哪些工作呢？为了进行严格的资产评估，首先必须制定一个指导方针，并且把这个方针反映在检查手册里。只有把一个个局部的细微战略积累起来，不良债权的处理才能成为可能。这正是"战略存在于细节处"的根本意义。

所谓的"战略存在于细节处"，其实不过是用极为普通的方式去做理所当然的事，但它的难度却出乎意料，大多数经营失败的企业正是由于没能用普通的方式去做理所当然的事。

如果说领导人的激情需要的是令人觉得华丽炫目的胆识，那么"战略存在于细节处"需要的则是踏实的不懈努力。从某种意义上来说，这两个要素看起来分别属于两个极端，可是作为改革的原动力，它们缺一不可。

会议并非讨论的场合

接下来我要介绍五个重要的战术，它们可以作为实现改革的一点启示。

第一个战术是运用"逆向思维"。

在推进改革的过程中，必定会遇到极大的困难，为了克服困难，就需要采用"逆向思维法"——利用一切可以利用的条件。例如，我多次介绍过的《骨太方针》就是逆向思维的产物。

更进一步讲，在人事方面，当要求某个人辞职的呼声甚嚣尘上时，反而赋予当事人更大的职责，也是逆向思维法的一种运用。我自身就经历了这样的事情——在反对派对我施加巨大的压力、要求我下台时，小泉首相就采用了这一战术，给了反对派一个极大的刺激。就在他们策划让我辞任经济财政担当大臣时，小泉首相又下令我兼任金融担当大臣。

通过各种逆向思维法带来变化，是实现改革的一大重要因素。

第二个战术是，对重要的事项采取最高层直接管辖的方式。

具体的事例便是邮政民营化改革。同样是民营化，如果把邮政民营化和道路公团民营化相比较，可以看出两者有很明显的区别。在提出邮政民营化的时候，由于我已经目睹了道路公团民营化之后一团混乱的样子，于是亲自前往小泉首相处提出："我们应该采用与道路公团民营化不同的方式。请由首相直接管辖，来做这件事吧。"

为了实现邮政民营化，首先必须确定基本方针。基本方针由首相直接负责制定，也就是要在经济财政咨问会议上决定。在道路公团民营化时，撰写民营化法案的是国土交通省，但是在邮政民营化时，这一法案没有交给总务省，而是由首相直辖的内阁官房撰写。具体来讲就是成立了专门的邮政民营化准备室，由该办公室进行直接管理。

道路公团民营化时由国土交通大臣负责进行国会答辩；与之不同的是，邮政民营化不是由总务大臣答辩，而是由我这个邮政民营化担当大臣来回答质疑。邮政民营化担当大臣是特别设置的职位，与首相直接联系，并不隶属于总务府，而是属于内阁府的特命担当大臣。

总之，邮政民营化是通过把一切事务全部交由首相直辖而实现的。这意味着什么呢？这说明，想要做成一件大事，改变过程本身是相当重要的。这说明，不采用通常的程序，而是经过特别的程序，即另辟蹊径的讨论是有效的。如果没有采用最高层直接管辖的方式，也就是说，如果在开始阶段没有做这个决断的话，我想邮政民营化可能不会获得成功吧。

第三个战术是，把会议变成"决定的场所"。

现在，政府召开了包括教育再生会议①等在内的名目繁多的会议，但让人担心的是，这些会议并没有发挥出相应的作用。因为"会议"并不是一个设立后所有事情就会自动定下来的地方，召开会议的时候就必须想清楚希望得出什么样的结论。也就是说，会议并非讨论的场所，而是说服反对派的场所。如果召开会议时不是出于这个想法，它就不会发挥预期作用。

在我担任经济财政政策担当大臣的时候，经常看到报纸和电视上出现"在经济财政咨问会议上决定了某事"的报道，其实这种说法并不准确。正确的说法应该是，"在经济财政咨问会议上，以可以通过的方式提出了某事"。为此，我们事先需要召开会议，研究详细的战略，指定在会议现场由谁来做什么样的发言，并预想届时可能会出现的反对意见，思考反驳的逻辑，最后由担任议长的内阁总理大臣来得出想要得到的结论。只有事先准备好这样的剧本，会议上才有望做出决定。反之，则不管开多少次会议也不能定下任何事情。

不仅在政治和政策领域如此，在民间企业经营中也是如此。比方说，你想在企业的企划会议上定下一件事。此时的程序应该是事先定下"想定下的事"，

---

① 安倍晋三于2006年首次执政时设立，负责实施了加大中央政府对地方教育委员会管理的力度等改革。——译者注

并思考为实现这个决定需要经过哪些手续，社长最后会做出何种判断等。也就是说，要召开会议，就必须采取这样一种能产生实际成果的战术。

当然，即使在会前做好了这样的准备，会议也并非每次都能顺利进行。但是如果事先不做好准备，会议上就极可能无法决定任何事情。反过来说，如果你还没有决定好，也没有想好己方的辩论逻辑，那么最好还是别急着开会了。此时，让会议延期反而会成为一种重要的战术。

第四个战术是，时刻做好辞职的准备。

实际上，我在小泉内阁任职的五年半中，一直做好了随时辞职的准备。

对于步入社会的职场人士来说，不能和上司搞好关系的情况实在很常见。自认为是一个很好的企划方案却得不到上司认可的例子也屡见不鲜。恐怕越是优秀的个体，越有创新想法的人，越常会遇到这种状况。此时的解决方法只有一个，那就是时刻做好辞职的准备。如果想着要慢慢获得上司的认可、一步步升职的话，只会徒增自己的苦恼。但是如果时刻做好辞职的准备，就什么都可以做成了。

时刻做好辞职的准备，抱有随时准备重新开始的态度，在政治领域也是同样重要的。那些看似前程似锦的政治家之所以不能下定决心实施彻底的改革政策，最大的原因就在于此。他们会考虑自己的政治生命，觉得现在要是得罪了谁、被谁盯上的话，将来可能会给自己带来大患。这样一想的话，就可能什么抱负都无法施展了。但如果不这样瞻前顾后，就能做成自己想做的事。乍看起来这是理所当然的事，但这也是无论处在什么立场都不得不面对的事实。

第五个战术是，了解批评的模式。

要想进行改革，就一定会遭受批评。批评有三种模式，我们如果能够懂得这一点，就能够冷静地分析自己所受到的批评，这是很有意思的一件事。反过来说，只要我们理解了批评的三种模式，那么在充满争论的会议上如果有必要批评对手，就能派上用场。也就是说，我们理解了批评的三种模式后，就可以在自己受到批评时知道对方使用的模式，并进行反击；也可以在自己批评别人时，决定使用哪种模式。

第一种模式是总说消极面的"逆势批评"。例如，利率水平上升，就说中小企业吃不消；利率水平下降，就说那些靠利息生活的人会感到日子难过。决定事情快了，就批评说过于粗放草率了；决定事情慢了，就批评说太慢了。凡事均有消极面，通常总可以找出那些不利的情况。一些媒体经常采用的批评方法就与此相类似。

第二种批评模式叫作只说"永恒的真理"。举几个例子，"现在的执行部门太不像样子了，应该多听听大家的意见"，"应该多站在百姓的角度考虑"，"应该拿出一个更现实的对策"——这些言论全都是正确的，都是永恒的真理，谁也不能予以否定。但是，谁也不知道他们到底在讲什么。只要提起那些永恒的真理，就定能批评到对方。

第三种模式是用"贴标签"的方式进行片面武断的批判。例如，"因为他不懂经济嘛"、"因为他是个不懂别人感受的人啊"等片面的断定。而他是不是真的不懂经济，是不是真的不懂别人的感受，却无法给出证明。一旦被贴上标签，这种印象就会被不断渲染加深。

实际上，我也被贴过诸如"美国原教旨主义者"、"市场原教旨主义者"

之类的标签，可我真的是美国原教旨主义者吗？根本没有人证明过。说到底，认为市场可以解决一切问题的"市场原教旨主义者"根本就不存在，只是一旦贴上标签，人们就停止了思考。这就成了一种批评模式。

总之，无论是自己受到的批评，还是对别人进行的批评，都可以归结为这三种模式中的一种。如果我们想让企业变得更好，首先必须控制董事会，而且必须在权力斗争中取胜。在这种只要进行批评就可以赢得权力的时候，你可以采用逆势批评，或者诉说永恒的真理，或者采用贴标签的方式来进行批评。如此一来，批评会变得十分简单，有时甚至很有趣。

但是，批评本身并不具有生产性。三种批评模式的共通点在于，它们并不能给出应该如何去做的替代方案。只有伴随着关于具体做法的讨论时，它们才能成为真正意义上的具有建设性的批评，请读者不要忘了这一点。

经济学的基本思维方式是有用的

接下来，我们来思考一下这个问题：为了养成洞察经济和政策的眼光，进行政策判断，有哪些是必备的素质呢？

首先可以肯定的是，经济学的基本思维方式是非常有帮助的。

世界是复杂的，也正因为此，才充斥着很多不懂装懂的人。例如，随处可见张口闭口"这是有特殊情况的"、"出于这样的人事调整，变成了这个样子"等评论起来头头是道的评论家。当然，这些话作为一种信息来源不妨一听，但是在判断经济政策时，最重要的还是经济学的基本思维方式。在自己的头脑中形成基本的经济学基本模型是非常重要的一件事。

在实际的政策世界中，对细枝末节的积累是很重要的。但正因为是细枝末节，人们更容易被讲这些小事的人所唬弄。讲小事情的人具体来说就是某些官员，他们所熟知的都是自己领域的法律、通告、省令等。

政治家其实是非常了解细节的。一般来说，如果学者、评论家和政治家进行政策理论辩论的话，往往是学者和评论家输，因为政治家更了解具体的细节。他们几乎每天都要接受官员的质询，如此一来，熟知诸如辅助金等的具体规定的政治家就有很多。

但是，这些单靠嘴上功夫立足的人有一个很大的不足，那就是嘴上功夫了得而实际应用能力不足。于是，一旦发生新的情况，大部分人很可能就束手无策了。为了在发生新情况时拥有独立思考的能力，在脑海中时刻牢记简明易懂的经济学模型是非常重要的。因此，经济学的基本思维方式是非常有用的。

借鉴其他各国的实例

除此之外，借鉴其他各国的实例也是很重要的。例如，在经济学的领域中，经常会把基本的模型精致化，做成漂亮的经济模型体系。在最原始的探讨中，这样的模型是具有一定意义的。但是，当最终必须做出一个决策的时候，其基础未必是这个精致的模型，而是各个国家的实例。

举例来说，我们在思考这样一个问题：为了让某国国民的福利最大化，公共投资额应占GDP之比为多少是合适的？在考虑这个问题时，我们当然可以运用经济学的理论展开讨论，通过这种途径并非不能找到"最佳答案"。但是在做出实际的政策决策时，比起精致的经济学理论，其他各国公共投资额占GDP之比的实例，往往更能起到参考作用。

有很多问题在经济学上是得不出结论的。也正因为此，人们必须依据经济学理论进行细致、扎实的讨论。甚至可以说，没有一个经济学问题能让九成的经济学家达成一致。但是，我们仍然必须做出政策决策。企业经营也是如此，没有一种经营策略可以确保做了以后就能让企业百分之百地变好，但人们却必须在某个时候对企业的经营策略做出判断。在这个时候，成为我们判断基础的既有经济和经营的基本思维方式，也有其他各国的实例。

很多人认为经济学是一门模糊的、让人摸不到头脑的学科，但是经济问题却又是我们身边最密切的问题。每个人的生活都离不开和经济打交道，经济的动向往往会对个人和企业产生重大的影响。而对经济产生影响的最重要因素，则是政府的行动和政策。因此，我们必须提高对政府及其政策方向的敏感度，掌握判断政策方向的能力。

人们一般认为，要获得这种能力，就要利用报纸和电视上的信息，但是也有很多人觉得媒体上的报道很多时候不足为信。因此，我推荐大家直接从政府那里获取信息。

最近这5年里，政府公开的信息量有了空前的增加。经济财政咨问会议的会议记录在3天后、日本银行的政策审议委员会会议记录在4天后，会分别公布在各自的官方网站上。此外，每次记者招待会的记录也都会被刊登出来。就连国会上进行的讨论，也会在国会的官网上有所介绍。

从这个角度来看，问题并不在于政府没有公开信息，而在于尽管大量的政府信息已经得到了公开，但是几乎没有人会去持续地阅读这些信息并加以认真分析。

提起美国中央情报局（CIA），大家往往以为情报人员（间谍）的工作就是打探机密情报，但据说他们实际工作中的八成内容是对公开渠道的信息进行分析。

庆应义塾大学的曾根泰教授作为政策过程的理论研究专家而广为人知，他虽然置身于政府之外，但却对政府内发生的事情了如指掌。我在内阁任职时，曾经询问他为何如此了解政府内的情况，得到的答案是"基本都是根据公开的信息"。这令我十分惊讶。

例如，通过阅读经济财政咨问会议的会议记录就会明白，在政府内进行的探讨其水准是相当高的，但是其中也不乏一些故意隐含了偏见的内容。因此，带有洞察力地区分两者，是十分必要的。

相比于漫不经心地看报纸，或是拼命想从电视上的新闻解说中读出一些端倪，从与制定经济政策相关的政府部门那里直接获取信息往往更有帮助。利用网络，这一切都会变得很容易实现。最后重申一下，持续地关注公开的信息，并从中培养批判性的眼光是最重要的。

"成为一边梦想一边耕耘的人"

另一个需要指出的问题是，政策判断还包含了权力斗争的部分。

实施一项好的政策是重要的，但为此必须先掌握政策的主导权。在权力斗争中胜出是一个很现实的问题，而为了赢得权力斗争，有时不得不百折不挠。

有一种人明明不知道自己想做什么，却一味地想掌握"权力"，这样的人完全不值得尊敬。但是，如果有很多想去实现的事却没有权力，也是一个令人颇感无奈的问题。如果想让社会变得更好、想让公司经营得更好，那就必须充分利用"批评三原则"等手段，百折不挠以取得胜利。

在一家电气机械制造工厂，我曾看见过这样一条振奋人心的标语：

"成为一边梦想一边耕耘的人。"

"有梦想"指的是追求理想，抱有要建设一个更好的社会、一家更好的企业的梦想；而"耕耘"指的是切实做好眼前的事情，在特殊的情况下，也包括采取一些较为激烈的行动。

这两方面都是很重要的，可做梦的人很容易只顾做梦，忘了眼前应做的事；而踏实做眼前事的人则容易把理想抛在脑后。总之，容易偏向两者中的某一者。但事实上，为了实现政策目标，这两方面缺一不可，必须把现实中进行的权力斗争和政策目标分开来看。

成为领袖的条件

最后，我想总结一下我跟随前首相小泉纯一郎，从他工作时的态度中学到的成为领袖的四个条件。

第一个条件是"施行王道"。

小泉首相经常对我说的一句话是："请施行王道的政策。"意思是让我不要考虑通过耍一些小把戏或是玩弄一些小聪明来取得好的施政效果，而是施行符合正道的、堂堂正正的政策。

在处理不良债权问题时也好，在推行邮政民营化改革时也罢，对细节部分，总有很多人说三道四，提出各种各样的不满。这些声音当然也传到了小泉首相的耳朵里，但他对我说的永远是："请走王道。"

这件事听上去容易，但实际做起来却非常困难。成为当事人时你就会明白，类似于"这样做是不是不太合适"、"这样做冲突很大，某某人的脸色肯定也不好看，所以稍微改变一下吧"这样被人劝诱的情景并不少见。但是如果没有选择行王道，我们日后必定会后悔。

更何况，一旦改动了细节部分，政策就会变得越来越难以理解。在政治领域中，这么做会让民众对政策难以理解；而在经营企业时，这么做会让企业的利益相关者深感困惑。因此，在施行王道的同时，保持政策的简明也很重要。

第二个条件是"瞬间判断力"。

小泉首相是一个非常擅长随机应变的人。我有一次和他提起随机应变的能力时，他回答说，这和相扑的起势是同一回事。他说：

"相扑手在起势的瞬间，脑子里并不会思考'站起来后向右转，拉上手①，向左拉，翻倒手腕，靠近对方'等策略，一切都是靠一瞬间的判断力。为了培养这种瞬间判断力，相扑手在平时就必须不断练习。"

这个回答意味着什么呢？以我个人的判断，或许小泉首相在读历史小说的时候、在观看歌舞伎的时候、在观赏歌剧的时候，都在对不同的情况进行想象训练。从这个意义上来讲，他是一个24小时都在学习的人。因此，他才会有上述言论。

---

① 上手：相扑比赛时，迎着对方伸出的手从外侧抓住对方的腰带，或抓住腰带的手。——译者注

其实我们也是如此。在参加求职面试前，我们会提前思考面试官可能会问什么样的问题，这样的话，就不难在面试时做到应对如流了。如果不做准备就去，就难免会手忙脚乱，不能做出令人满意的应答。由此可见，事先的想象训练是很重要的。

据说，参加奥运会的选手也是一样，想象训练做得好的人才会取得奖牌。为了培养瞬间判断力，每日进行想象训练、时时保持问题意识，是很有必要的。

第三个条件是"直接对话的能力"。

一个组织的领导人如果不具备与利益相关者直接对话的能力，肯定会在不知不觉中被外界牵制住。特别是针对首相和大公司的一把手，总会有很多评头论足的人。评论的声音越多，评论者或媒体的声音就越容易在社会上产生影响。

但是，这些声音都是间接的声音，因此一定会有偏颇和不正确的地方，更何况还有很多人存心要传达不正确的信息。政治家要在这种偏颇和谬误之中接受国民的"审判"，而企业经营者则要在这种偏颇和谬误之中让董事会等利益相关者做出决议。

因此，是否具备直接说服国民或者股东的能力，对于一个领导者来说，是非常重要的。而培养直接对话的能力的确并非易事。从结果导向的观点来看，被称为优秀政治家或企业经营者的人，大都风趣幽默，具备很强的说服能力。其实，在这背后最重要的还是激情，是每天不断思考自己到底具有多么强烈的意愿的积累。

第四个条件是"亲和力"。想要成为引领团队的领导者，就必须具备强大的人格魅力。

小泉首相曾因为"人生百态"的发言招致社会舆论的议论。他所说的"人生难道不是多种多样的吗？不对吗？明明就是如此吧。议员是多种多样的，公司也是五花八门的。"如果换一个视角来看，其实不就是一种亲和力的表现吗？在展现强势一面的同时也展现和蔼的一面，才能体现人格魅力。

因为邮政民营化和金融改革，我成为众矢之的，小泉首相经常对我说：

"总之，请和反对派好好讨论一番，讨论是很重要的。当然，对方说的你可以不听。"

我认为，这就是亲和力的表现。

最后，我想以我在哈佛大学执教时任文理学院院长亨利·罗索夫斯基的一段话，作为这一小节的结语，也当作赠送给年轻朋友的礼物：

"约翰·肯尼迪高中时的学习成绩只是中游水平，从分数上来看，他的成绩并非特别优秀，但是哈佛大学却批准了肯尼迪的入学申请。为什么呢？因为肯尼迪在高中时期一直是班级的中心人物。吃饭的时候他是中心，辩论的时候他是中心，甚至打架的时候他也是中心。哈佛大学是一所为美国乃至全世界培养领袖的大学，所以它接受了约翰·肯尼迪入学。"

若本书能够成为填补经济学与政策之间间隙的契机之一，笔者将深感荣幸。

竹中平藏在日本是一位颇受争议者。一方面，他被誉为"最了解日本经济的人"。作为科班出身的经济学家，他曾先后在日本开发银行研究所、哈佛大学、庆应义塾大学和大阪大学等顶尖学术研究机构担任教授和研究员。另一方面，他是政治家，在频繁的日本政权更迭中长期屹立于政坛核心。从小渊政权的"经济战略会议"开始，至森喜朗时代进入"IT战略会议"继续为高层决策者出谋划策，后又应邀出任小泉内阁的经济财政大臣和金融大臣。他亲自领导解决了日本银行的不良贷款问题，并按照小泉首相的决定对日本邮政系统推行私有化改革。他对日本经济改革的贡献世间有目共睹，但作为站在改革风口浪尖者也受到了诸多非议。例如，他主导的"邮政民营化改革"（本书重要案例之一），虽对日本社会影响深远，但同时因为涉及利害相当复杂，获得的评价至今仍是褒贬不一。

正因如此，初从蓝狮子财经出版中心的编辑钱晓曦女士处收到《战斗经济学》一书的翻译委托时，有过一些犹豫。然而经过讨论后，团队认为，这样一位驰骋东西方、纵横政治经济学术领域、结合理论与实践的日本精英之学说，具备其独特的研究价值。况且，此书结合了经济理论与政治实践，生动披露了作者主导的日本近年来最大规模改革与大型经济政策的内幕。日本因推行经济改革而集中显现的各种矛盾问题与解决方式，正是不可多得的研究案例。

书中对于经济学、政策制定、行政执行都有涉及，对于日本民主制政体之下的决策过程与政治文化亦有很生动的描述，甚至还有企业管理可以借鉴的会议议事与决策斗争之经验。起篇是涵盖宏观经济政策的理论基础介绍，其后几章是将这些理论运用于实践的案例分析，之后综述了日本政策决策的具体步骤，最后是作者亲身经历政坛而提炼出的感悟心得。其价值有三：一、可了解基础经济学原理；二、可借鉴结合政治经济学与政策执行的经验；三、可作为研究日本"议会内阁制"行政决策过程和文化氛围的资料。

在日本这样一个政治系统相较封闭守旧的国家，意图推行大型改革且成功落实，可谓克服了巨大的困难，其中的经验总结亦引人关注。例如，如何主导解决严重困扰日本经济的"不良债权问题"，使日本经济走出长期以来的困境、进入复苏和全面转型时期；如何运用策略成功使遭到强烈反对的"邮政民营化改革"获得国会通过；以及如何借助"经济财政咨问会议"这样特殊的行政机制使领导力实现空前的集中，等等。我们认为，这样生动并揭露深层次内幕的案例资料是珍贵并有借鉴意义的。

更难得的是，不同于一般只关注一隅的日本著作，本书分析视野广阔，在日本与西方学说实践案例间撷取自如，旁征博引。加上或许因为大学教学经验丰富的影响，行文上对复杂的决策程序与纷繁的宏观经济理论分析都能娓娓道来，深入浅出。

当然，出于作者立场，本书也有其局限。相关改革内容的是非，则更待读者评定。我们希望尽己所能，以中日高等教育所获严谨治学态度为心，以尽力还原著作为旨，为国人撷选良枝。因此，谨奉"拿来主义"之要求，将其译来以供国人取用。

为保持原作原味，对于一些日本专有名词，我们采取了沿用另注的方式。

共同译文团队

本书译者：范　薇　钟志之　林卓颖　王宝宁

2013年年末

图书在版编目（CIP）数据

读懂改革逻辑：竹中平藏的实践经济学 ／（日）竹中平藏著；
范薇等译. —杭州 ：浙江大学出版社，2014. 9
　　ISBN 978-7-308-13350-0

Ⅰ．①战… Ⅱ．①竹… ②范… Ⅲ．①经济思想-日本-
现代 Ⅳ．①F093. 13

中国版本图书馆 CIP 数据核字（2014）第 121918号

读懂改革逻辑：竹中平藏的实践经济学

[日]竹中平藏　著

范薇　钟志之　林卓颖　王宝宁　译

策　　划	杭州蓝狮子文化创意有限公司
责任编辑	陈丽霞
文字编辑	姜井勇
封面设计	红杉林文化
出版发行	浙江大学出版社
	（杭州市天目山路 148 号　邮政编码 310007）
	（网址：http://www.zjupress.com）
排　　版	浙江时代出版服务有限公司
印　　刷	浙江印刷集团有限公司
开　　本	710mm×1000mm　1/16
印　　张	16
字　　数	186千
版 印 次	2014年9月第1版　2014年9月第1次印刷
书　　号	ISBN 978-7-308-13350-0
定　　价	45.00元

浙江大学出版社发行部联系方式（0571）88925591；http://zjdxcbs.tmall.com.